LE PARADIS

Du même Auteur :

                 Fr.

L'Enfer du Dante, traduit en vers, avec le texte en regard, ouvrage couronné par l'Académie française, 2ᵉ édition; 2 vol. in-18 6

Le Purgatoire du Dante, traduit en vers, texte en regard; 2 vol. in-18 6

Impressions littéraires; 1 vol. in-18 3

Au printemps de la Vie, poésies; 1 vol. in-32. . . 1

Héro et Léandre, drame antique représenté au Théâtre-Français, 2ᵉ édition; 1 vol. in-18 . . . 1

LE
PARADIS
DU
DANTE

TRADUIT EN VERS

PAR

LOUIS RATISBONNE

Vagliami 'l lungo studio e 'l grande amore
Che m' han fatto cercar lo tuo volume.

TOME DEUXIÈME

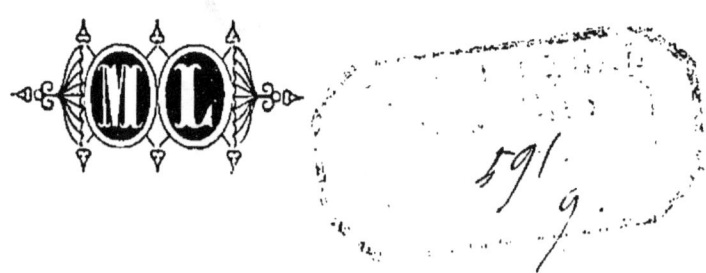

PARIS
MICHEL LÉVY FRÈRES, LIBRAIRES-ÉDITEURS
RUE VIVIENNE, 2 BIS
1860

ERRATA.

Page 83, ligne 1; au lieu de chant XII, lisez: *chant XXII.*
Page 87, ligne 1; au lieu de chant XII, lisez: *chant XXII.*
Page 139, ligne 6; au lieu de qu'il y a resté, lisez: *qu'il y était resté.*

ARGUMENT DU CHANT XVIII.

Cacciaguida nomme encore à Dante un certain nombre de pieux guerriers qui brillent dans la Croix. Ascension au sixième Ciel, Ciel de Jupiter, séjour de ceux qui ont distribué avec droiture la justice dans le monde. Les âmes des bienheureux, disposées en lettres mobiles et lumineuses, figurent les versets de la Bible qui prêchent la Justice. D'autres scintillations naissent des premières et dessinent l'Aigle impérial. Dans ce Ciel de la justice, le poëte s'emporte avec amertume contre la simonie pontificale.

DEL PARADISO.

CANTO DECIMOOTTAVO

Già si godeva solo del suo verbo
Quello spirto beato, ed io gustava
Lo mio, temprando 'l dolce con l' acerbo:

E quella donna, ch' a Dio mi menava,
Disse: Muta pensier, pensa ch' io sono
Presso a colui ch' ogni torto disgrava.

Io mi rivolsi all' amoroso suono
Del mio conforto: e quale io allor vidi
Negli occhi santi amor, qui l' abbandono:

Non perch' io pur del mio parlar diffidi,
Ma per la mente, che non può redire
Sovra sè tanto, s' altri non la guidi.

LE PARADIS.

CHANT DIX-HUITIÈME.

En silence déjà cette âme heureuse et sainte
Jouissait de son verbe, et moi, goûtant l'absinthe
Mêlée avec le miel, je recueillais le mien.

Et celle qui vers Dieu me menait, de me dire :
« Laisse là ces pensers, songe que je t'attire
Près de Celui par qui tout mal se change en bien. »

Au doux son de la voix de mon enchanteresse
Je retournai la tête, et quel feu de tendresse
Luisait dans ses yeux saints, je ne le décris pas.

Non que ma langue soit toute seule impuissante :
D'aussi loin, c'est aussi la substance pensante
Qui ne peut, sans secours, revenir sur ses pas.

Tanto poss' io di quel punto ridire,
Che, rimirando lei, lo mio affetto
Libero fu da ogni altro disire,

Fin che 'l piacer eterno, che diretto
Raggiava in Beatrice, dal bel viso
Mi contentava col secondo aspetto,

Vincendo me col lume d'un sorriso,
Ella mi disse: Volgiti, ed ascolta,
Che non pur ne' mie' occhi è Paradiso.

Come si vede qui alcuna volta
L'affetto nella vista, s'ello è tanto,
Che da lui sia tutta l'anima tolta;

Così nel fiammeggiar del fulgor santo,
A cui mi volsi, conobbi la voglia
In lui di ragionarmi ancora alquanto.

E cominciò: In questa quinta soglia
Dell' albero che vive della cima,
E frutta sempre, e mai non perde foglia,

Spiriti son beati che giù, prima
Che venissero al Ciel, fur di gran voce,
Sì ch' ogni Musa ne sarebbe opima.

Tout ce que sur ce point il m'est permis de dire,
C'est que, l'œil absorbé devant ce point de mire,
Je me sentais exempt de tout autre désir.

Comme je m'enivrais de l'éternel délice
Qui, rayonnant tout droit au cœur de Béatrice,
De son beau front sur moi venait se réfléchir,

Me subjuguant par un souris plein de lumière :
« Tourne-toi, me dit-elle, écoute encor ton père !
Le Paradis n'est pas seulement dans mes yeux. »

Comme ici bas parfois les sentiments de l'âme
Brillent dans nos regards, quand si vive est leur flamme
Que l'être tout entier est emporté par eux,

De même au flamboîment de la splendeur bénie
Vers qui je me tournai, je reconnus l'envie
Qu'elle avait d'ajouter à ce qu'elle avait dit.

Elle commence ainsi : « Dans ce cinquième étage
De l'arbre que nourrit sa cime, dont l'ombrage
Ne s'effeuille jamais, ni le fruit ne périt,

Habitent des esprits bienheureux, qui sur terre
Ont, avant d'arriver à la céleste sphère,
Offert à toute Muse un texte merveilleux.

Però mira ne' corni della Croce:
Quel ch'io or nomerò, lì farà l'atto,
Che fa in nube il suo fuoco veloce.

Io vidi per la Croce un lume tratto,
Dal nomar Josuè: com' ei si feo:
Nè mi fu noto il dir, prima che il fatto.

Ed al nome dell' alto Maccabeo
Vidi muoversi un altro roteando:
E letizia era ferza del palèo

Così per Carlo Magno, e per Orlando
Duo ne seguì lo mio attento sguardo,
Com' occhio segue suo falcon volando.

Poscia trasse Guglielmo, e Rinoardo,
E 'l duca Gottifredi la mia vista,
Per quella Croce, e Roberto Guiscardo.

Indi tra l'altre luci *mota* e mista
Mostrommi l'alma, che m'avea parlato,
Qual' era tra i cantor del Cielo artista.

Io mi rivolsi dal mio destro lato,
Per vedere in Beatrice il mio dovere,
O per parole, o per atto segnato:

Sur les bras de la Croix porte un moment ta vue :
Ceux que je vais nommer vont, comme dans la nue
De fugitifs éclairs, passer devant tes yeux. »

Au nom de Josuë, qu'appela Cacciaguide,
Je vis, fendant la croix, un trait de feu rapide :
L'âme était arrivée aussitôt que le mot.

Il appela le grand Machabée : un deuxième
Sillonna la croix sainte en tournant sur soi-même ;
La joie était le fouet du céleste sabot.

Puis c'est Roland et puis Charlemagne qui passe ;
Tous les deux, attentif, je les suis dans l'espace,
Comme un chasseur qui suit son faucon du regard.

Où Guillaume a brillé, Rinoard étincelle,
Et Godefroy, le duc, à la voix qui l'appelle,
Traverse aussi la Croix avec Robert Guiscard.

Mon noble aïeul alors dans les autres lumières
Prit rang, et me fit voir, se mêlant à ses frères,
Quel artiste il était dans le concert divin.

Moi, je me retournai devers ma Béatrice
A ma droite, attendant que mon institutrice
D'un mot ou d'un regard m'indiquât mon chemin.

E vidi le sue luci tanto mere,
Tanto gioconde, che la sua sembianza
Vinceva gli altri, e l' ultimo solere.

E come, per sentir più dilettanza,
Bene operando l' uom, di giorno in giorno
S' accorge, che la sua virtute avanza;

Sì m' accors' io, che il mio girare intorno
Col Cielo 'nsieme, avea cresciuto l' arco,
Veggendo quel miracolo più adorno.

E quale è il trasmutare in picciol varco
Di tempo in bianca donna, quando 'l volto
Suo si discarchi di vergogna il carco;

Tal fu negli occhi miei, quando fu vòlto
Per lo candor della temprata stella
Sesta, che dentro a sè m' avea ricolto.

Io vidi in quella Gioviäl facella
Lo sfavillar dell' amor, che lì era,
Segnare agli occhi miei nostra favella.

E come augelli surti di riviera,
Quasi congratulando a lor pasture,
Fanno di sè or tonda, or lunga schiera,

Ses yeux purs rayonnaient d'une ardeur si joyeuse
Qu'elle semblait, dans sa beauté victorieuse,
Effacer d'un seul coup tout ce que j'avais vu.

Et tel, faisant le bien, l'homme au fond de son âme
Au surcroît qu'il ressent et de joie et de flamme,
Voit chaque jour les pas qu'il fait dans la vertu,

De même à cet éclat plus extraordinaire
Je sentis que mon vol rapide et circulaire
Élargissait son arc avec le Ciel tournant.

Et comme, en un clin d'œil, quand la pudeur céleste
Peint le visage blanc d'une vierge modeste,
La neige reparaît sur son front rayonnant,

Aussi vite à mes yeux se dégagea sans voile
La limpide blancheur de la sixième étoile
Qui m'avait accueilli dans son paisible sein.

Je vis dans Jupiter (c'était son feu sublime)
Les scintillations de l'amour qui l'anime
Figurer à mes yeux notre langage humain.

Et comme des oiseaux au bord d'une rivière,
Allongeant ou serrant leur bande irrégulière,
Volent en se jouant vers la pâture : ainsi

Sì dentro a' lumi sante creature,
Volitando cantavano, e faciensi
Or D or I or L in sue figure.

Prima cantando a sua nota moviensi:
Poi, diventando l' un di questi segni,
Un poco s' arrestavano, e taciensi.

O diva Pegaséa, che gl' ingegni
Fai glorïosi, e rendigli longevi,
Ed essi teco le cittadi e i regni,

Illustrami di te, sì ch' io rilevi
Le lor figure, com' io l' ho concette:
Paia tua possa in questi versi brevi.

Mostrârsi dunque in cinque volte sette
Vocali e consonanti, ed io notai
Le parti sì come mi parver dette.

Diligite Justitiam, primai
Fur verbo e nome di tutto 'l dipinto:
Qui judicatis Terram, fur sezzai.

Poscia nell' M del vocabol quinto
Rimasero ordinate, sì che Giove
Pareva argento lì d' oro distinto.

Dans leur réseau de feu les saintes créatures,
Chantant, volant, formaient différentes figures,
Dessinant tour à tour un D, un L, un I.

D'abord elles chantaient et volaient en mesure ;
Puis, dès qu'elles avaient formé quelque figure,
Elles faisaient silence et cessaient leurs ébats.

Muse divine! ô toi qui donnes au génie
La gloire! ô toi qui peux éterniser sa vie
En immortalisant avec lui les États!

Brille en moi, que je puisse épeler sur ma lyre
Leurs signes saints ainsi que je les vis écrire!
Que dans ce peu de vers éclate ton pouvoir!

Je vis donc cinq fois sept consonnes et voyelles
En file se ranger, notant chacune d'elles
A mesure qu'à l'œil elles se faisaient voir.

Je lus : *Diligite Justitiam*, premier verbe
Et premier substantif que dessina la gerbe,
Et *qui judicatis terram* était la fin.

Puis dans l'M de ce mot *terram*, chaque lumière
S'arrêta disposée en ordre, de manière
Que Jupiter semblait d'argent, semé d'or fin (1).

E vidi scender altre luci, dove
Era 'l colmo del M, e lì quetarsi
Cantando, credo, il ben, ch' a sè le muove.

Poi come nel percuoter de' ciocchi arsi
Surgono innumerabili faville,
Onde gli stolti sogliono agurarsi,

Risurger parver quindi più di mille
Luci, e salir quali assai, e qua' poco,
Sì come 'l Sol, che l' accende, sortille :

E quïetata ciascuna in suo loco,
La testa e 'l collo d' un' Aquila vidi
Rappresentare a quel distinto foco.

Quei, che dipinge lì, non ha chi 'l guidi;
Ma esso guida, e da lui si rammenta
Quella virtù, ch' è forma per li nidi.

L' altra beatitudo, che contenta
Pareva in prima d' ingigliarsi all' emme,
Con poco moto seguitò la 'mprenta.

O dolce stella, quali e quante gemme
Mi dimostraron, che nostra giustizia
Effetto sia del Ciel, che tu ingemme!

Et sur le haut de l'M, d'autres splendeurs ensemble
Se posent en chantant, et leur chant, ce me semble,
Était un hymne au bien qui les attire à lui.

Puis, comme de charbons brûlants heurtés dans l'ombre
Il jaillit un torrent d'étincelles sans nombre
Où la crédulité cherche un présage : ainsi

Mille autres feux de là surgirent dans l'espace,
S'élevant plus ou moins, chacun suivant la place
Qu'assigne à chacun d'eux leur maître, le Soleil.

Et quand chacun eut pris son rang, suivant la règle,
Alors je vis le col et la tête d'un aigle
Se former et sortir de ce foyer vermeil.

L'artiste qui peignait ainsi n'a point de maître ;
Le maître c'est lui seul : donnant forme à tout être,
Il est de tous les nids le moule et le ciseau.

Les autres bienheureux qui, sur l'M en guirlande,
Avaient fixé d'abord leur lumineuse bande,
N'eurent qu'à se mouvoir pour compléter l'oiseau (2).

Douce étoile ! à combien de pierres précieuses
Vis-je que la justice, en nos âmes boiteuses,
Est du Ciel, où tu luis, une émanation !

Per ch' io prego la Mente in che s' inizia
Tuo moto e tua virtute, che rimiri
Ond' esce 'l fummo, che 'l tuo raggio vizia;

Sì ch' un' altra fïata omai s' adiri
Del comperare e vender dentro al templo,
Che si murò di segni, e di martìri.

O milizia del Ciel, cu' io contemplo,
Adora per color che sono in terra
Tutti sviati dietro al malo esemplo.

Già si solea con le spade far guerra:
Ma or si fa togliendo or qui, or quivi
Lo pan, che 'l pio Padre a nessun serra.

Ma tu, che sol per cancellare scrivi,
Pensa che Pietro e Paolo, che moriro
Per la vigna che guasti, ancor son vivi.

Ben puoi ti dire: Io ho fermo 'l disiro
Sì a colui che volle viver solo,
E che per salti fu tratto a martiro,

Ch' io non conosco il Pescator, nè Polo.

C'est pourquoi, je le lui demande avec prière,
Que Dieu, ton pur foyer, ta force, considère
D'où sort le noir brouillard qui souille ton rayon ;

Et qu'une fois encore éclate sa colère,
En voyant qu'on achète et vend au sanctuaire,
Dont le sang des martyrs a scellé les parois !

O milice du Ciel, que mon regard contemple !
Priez Dieu pour tous ceux que le mauvais exemple
Sur terre a dévoyés si loin du Roi des rois !

La guerre jusqu'ici se faisait par le glaive ;
Maintenant on la fait autrement : on enlève
Le pain que donne à tous notre Dieu paternel (3).

Toi qui n'écris que pour raturer, prêtre indigne (4) !
Songe que Pierre et Paul, tous deux morts pour la vigne
Que dégradent tes mains, vivent encore au Ciel !

Tu peux dire, il est vrai : « Moi, le saint qui m'attire
C'est l'homme du désert, qui paya du martyre
La danse d'Hérodiade ; il tient si fort mon cœur

Que je ne connais plus, ni Paul, ni le Pécheur (5).

NOTES DU CHANT XVIII.

(1) Les lumières scintillantes se posent, dit le texte, sur la dernière lettre du cinquième mot : *terram*, sans doute parce que l'*M* est la première lettre du mot *Monarchia;* car c'est de cette lettre lumineuse que va sortir tout à l'heure l'aigle impérial, modèle de la monarchie, et culte du poëte.

(2) L'aigle.

(3) On enlève le pain eucharistique, on excommunie au hasard. C'est de cette manière que les papes font la guerre.

(4) Toi, Boniface, qui n'écris ces bulles d'excommunication que pour les raturer, les révoquer ensuite à prix d'or !

(5) Tu peux dire il est vrai : Je ne connais ni saint Paul, ni saint Pierre le pêcheur, je n'aime et ne désire que saint Jean-Baptiste, c'est-à-dire les florins d'or frappés à l'effigie de ce saint.

ARGUMENT DU CHANT XIX.

L'Aigle apprend à Dante que c'est la piété et la justice qui l'ont élevé au Ciel glorieux de Jupiter. Puis il répond à un doute du poëte, sur la question de savoir si quelqu'un peut être sauvé sans baptême. Il résout la question par la négative, mais il ajoute que beaucoup qui sont chrétiens de nom se verront au jour du jugement plus loin de Dieu que les païens, et il désigne une foule de souverains qui seront dans ce cas.

CANTO DECIMONONO.

Parea dinanzi a me, con l' ale aperte,
La bella image, che, nel dolce frui
Liete faceva l' anime conserte.

Parea ciascuna rubinetto, in cui
Raggio di Sole ardesse si acceso,
Che ne' miei occhi rifrangesse lui.

E quel che mi convien ritrar testeso,
Non portò voce mai, nè scrisse inchiostro,
Nè fu per fantasia giammai compreso;

Ch' io vidi, ed anche udii parlar lo rostro,
E sonar nella voce ed *io*, e *mio*,
Quand' era nel concetto *noi* e *nostro*.

CHANT DIX-NEUVIÈME.

A mes regards s'offrait, ouvrant ses larges ailes,
L'impériale image où les âmes fidèles
S'entrelaçaient ensemble et qu'il réjouissait.

Chacune paraissait comme un rubis magique
Où dardait un rayon de soleil magnifique
Qui jusque dans mes yeux tout vif rejaillissait.

Et ce que maintenant il me faut vous décrire,
Nul ne l'a raconté, ni tenté de l'écrire.
L'imagination même reste au-dessous.

Une voix sort du bec de l'aigle hérissée.
Et la voix disait *mon* et *moi*, mais la pensée
Demeurait collective et disait *nôtre* et *nous*.

E cominciò: Per esser giusto e pio,
Son' io qui esaltato a quella gloria,
Che non si lascia vincere a disio:

Ed in terra lasciai la mia memoria
Sì fatta, che le genti lì malvage
Commendan lei, ma non seguon la storia.

Cosi un sol calor di molte brage
Si fa sentir, come di molti amori
Usciva solo un suon di quella image.

Ond' io appresso: O perpetui fiori
Dell' eterna letizia, che pur uno
Sentir mi fate tutti i vostri odori,

Solvetemi, spirando, il gran digiuno,
Che lungamente m' ha tenuto in fame,
Non trovandoli in terra cibo alcuno.

Ben so io che, se in Cielo altro reame
La divina giustizia fa suo specchio,
Che il vostro non l' apprende con velame.

Sapete, come attento io m' apparecchio
Ad ascoltar: sapete quale è quello
Dubbio, che m' è digiun cotanto vecchio.

CHANT XIX.

La voix dit : « Parce que je fus pieux et juste
Je me vois exalté jusqu'en ce Ciel auguste,
Dans un degré d'honneur qui passe tous mes vœux.

J'ai laissé sur la terre une grande mémoire;
L'humanité perverse admire mon histoire,
Mais sans continuer son éclat glorieux. »

D'un amas de tisons il ne sort qu'une flamme :
Ainsi ces mille amours ne formant tous qu'une âme,
Il ne sortait qu'un son de toutes leurs splendeurs.

Et je dis à mon tour : « O fleurs perpétuelles
De l'éternelle joie! ô roses fraternelles
Qui faites un parfum de toutes vos odeurs!

Soufflez pour mettre fin à la soif qui m'altère,
Au long jeûne dont j'ai tant souffert sur la terre
Où ma faim n'a jamais pu trouver d'aliment!

Je sais, encore bien que dans une autre zône
La Justice divine ait élevé son trône,
Qu'on la perçoit sans voile en votre firmament.

Vous savez avec quelle ardeur je vous écoute!
Et vous savez aussi quel est en moi ce doute
Dans lequel je languis depuis de si longs jours. »

Quasi falcone, ch' esce del cappello,
Muove la testa, e con l' ale s' applaude,
Voglia mostrando, e facendosi bello,

Vid' io farsi quel segno, che di laude
Della divina grazia era contesto,
Con canti, quai si sa chi lassù gaude.

Poi cominciò: Colui, che volse il sesto
Allo stremo del mondo, e dentro ad esso
Distinse tanto occulto, e manifesto,

Non potèo suo valor sì fare impresso
In tutto l' universo, che 'l suo Verbo
Non rimanesse in infinito eccesso.

E ciò fa certo, che 'l primo superbo,
Che fu la somma d' ogni creatura,
Per non aspettar lume, cadde acerbo.

E quinci appar, ch' ogni minor natura
È corto recettacolo a quel bene,
Che non ha fine, e sè in sè misura.

Dunque nostra veduta, che conviene
Essere alcun d' raggi della mente,
Di che tutte le cose son ripiene,

Tel un faucon, sitôt qu'il sort dessous sa chape,
Bat des ailes, joyeux, et devant qu'il s'échappe
Enfle son col et semble étaler ses atours :

Tel tressaillit l'oiseau qui dans son sein enchâsse
Les glorieux joyaux de la divine Grâce,
En exhalant un chant ici-bas inouï,

Puis il me répondit : « La Sagesse profonde
Qui, d'un tour de compas ayant tracé le monde,
De germes apparents ou cachés l'a rempli,

Ne put si fortement imprimer sa substance
Dessus tout l'univers, que ne fût l'existence
Au-dessous mille fois du Verbe créateur.

Ce qui le prouve bien, c'est cet Ange superbe
Qui fut le plus parfait des êtres nés du Verbe,
Et chut pour n'avoir pas attendu le Seigneur.

A plus forte raison toute moindre nature
Ne saurait contenir cet Être sans mesure,
Ce grand Bien, défiant toute comparaison.

Ainsi donc, votre vue et votre sapience,
A peine humbles rayons de cette intelligence
Qui remplit toute chose en la création,

Non può di sua natura esser possente
Tanto, che suo principio non discerna
Molto di là, da quel ch' egli è, parvente.

Però nella giustizia sempiterna
La vista che riceve il vostro mondo,
Com' occhio per lo mare, entro s' interna:

Chè, benchè dalla proda veggia il fondo,
In pelago nol vede: e nondimeno
Egli è, ma cela lui l' esser profondo.

Lume non è, se non vien dal sereno,
Che non si turba mai, anzi è tenébra,
Od ombra della carne, o suo veneno.

Assai t' è mo aperta la latébra,
Che t' ascondeva la giustizia viva,
Di che facei quistion cotano crebra,

Chè tu dicevi: Un uom nasce alla riva
Dell' Indo, e quivi non è chi ragioni
Di Cristo, nè chi legga, nè chi scriva:

E tutti suoi voleri e atti buoni
Sono, quanto ragione umana vede,
Senza peccato in vita od in sermoni:

N'ont pas évidemment assez de clairvoyance
Pour pouvoir discerner autrement qu'à distance,
Et bien diminué, leur principe divin.

La faculté de voir donnée à votre monde
Plonge dans la Justice éternelle et profonde
Comme un œil qui regarde en l'abîme marin.

On aperçoit le fond quand on est au rivage,
Non au large; il est là pourtant comme à la plage,
Mais c'est sa profondeur qui le cache en la mer.

Tout ce qui ne vient pas de la clarté sans ombre,
Du Ciel pur, ce n'est pas lumière, mais nuit sombre,
Ce ne sont que brouillards ou poisons de la chair.

D'assez vives clartés à présent s'illumine
La nuit qui, te cachant la Justice divine,
De questions sans nombre assiégeait ton esprit.

Sur le bord de l'Indus un homme vient à naître,
Disais-tu; là du Christ, notre Seigneur et Maître,
Jamais on n'a rien dit, rien lu, ni rien écrit.

Et tous les mouvements de son âme sans haine
Sont purs, au jugement de la raison humaine;
Par acte ou par discours, nul ne l'a vu pécher.

Muore non battezzato e senza fede;
Ov' è questa giustizia, che 'l condanna?
Ov' è la colpa sua, sed ei non crede?

Or tu chi se', che vuoi sedere a scranna,
Per giudicar da lungi mille miglia
Con la veduta corta d' una spanna?

Certo a colui, che meco s' assottiglia,
Se la Scrittura sovra voi non fosse,
Da dubitar sarebbe a maraviglia.

O terreni animali, o menti grosse,
La prima volontà, ch' è per sè buona,
Da sè, ch' è sommo ben, mai non si mosse.

Cotanto è giusto, quanto a lei consuona:
Nullo creato bene a sè la tira,
Ma essa, radïando, lui cagiona.

Quale sovr' esso 'l nido si rigira,
Poi che ha pasciuto la cicogna i figli,
E come quei, ch' è pasto, la rimira,

Cotal si fece, e sì levai li cigli,
La benedetta immagine, che l' ali
Movea sospinta da tanti consigli.

Qu'il meure sans le don de la foi, sans baptême :
Où donc est la justice à lui dire anathème ?
Et qui, s'il ne croit pas, peut le lui reprocher ?

Et moi je dis : Qui donc êtes-vous, les habiles
Qui prétendez juger à des millions de milles,
Lorsque pour un empan votre œil est en défaut ?

Sans doute ce serait un merveilleux problème
Et qu'on aurait du mal à résoudre ici-même,
Si le saint Testament ne l'éclairait d'en haut.

Terrestres vermisseaux ! Bornés et sans lumière !
Bonne et parfaite en soi la Volonté première
Jamais ne se départ de soi, Bien souverain.

Rien n'est juste qu'autant qu'elle sert de modèle ;
Nul bien créé ne peut lui rien prendre : c'est elle
Qui rayonne et produit tout bien, proche ou lointain. »

Telle quand la becquée est donnée, avec joie
Au-dessus de son nid la cigogne tournoie,
Et les petits repus regardent bec levé,

Tel vers l'oiseau béni je levai les prunelles,
Et l'aigle impérial joyeux battait des ailes,
Par mille volontés tendrement soulevé.

Roteando cantava, e dicea: Quali
Son le mie note a te che non le 'ntendi,
Tal' è il giudicio eterno a voi mortali.

Poi seguitaron quei lucenti incendi
Dello Spirito Santo ancor nel segno,
Che fe' i Romani al mondo reverendi.

Esso ricominciò: A questo regno
Non salì mai chi non credette in CRISTO
Nè pria, nè poi che 'l si chiavasse al legno.

Ma vedi, molti gridan CRISTO CRISTO,
Che saranno in giudicio assai men *prope*
A lui, che tal che non conobbe CRISTO:

E tai Cristiani dannerà l' Etiópe,
Quando si partiranno i duo collegi,
L' uno in eterno ricco, e l' altro inópe.

Che potran dir li Persi ai vostri regi,
Com' e' vedranno quel volume aperto,
Nel qual si scrivon tutti suoi dispregi?

Lì si vedrà tra l' opere d' Alberto
Quella che tosto moverà la penna,
Per che 'l regno di Praga fia deserto.

Et de chanter, faisant la roue, et de me dire :
« Tu ne le comprends pas ce chant que je soupire :
Tel est pour vous, mortels, le jugement divin. »

Les feux du Saint-Esprit, éblouissante gerbe,
S'arrêtèrent alors dans le signe superbe
Qui faisait révérer partout le nom Romain.

Et l'aigle saint reprit : « De ce lieu de délice
Quiconque, soit avant, soit depuis son supplice,
N'a pas connu le Christ, est pour jamais exclu.

Mais plus d'un va clamant Christ ! ô Christ ! qui peut-être
Au jour du jugement sera moins près du Maître,
Que tel infortuné qui ne l'a pas connu.

L'Ethiopien confondra ces chrétiens sacriléges
Quand Dieu partagera le monde en deux colléges,
L'un riche à tout jamais, l'autre à jeun pour toujours.

A vos princes chrétiens que ne diront les Perses
Devant le livre ouvert où leurs œuvres perverses,
Où leurs honteux méfaits sont écrits tous les jours !

Là, parmi ceux d'Albert, on lira (car la plume
Va de cet attentat enrichir le volume)
L'exploit qui changera la Bohème en déserts (1).

Lì si vedrà il duol, che sopra Senna
Induce, falseggiando la moneta,
Quei che morrà di colpo di cotenna.

Lì si vedrà la superbia, ch' asseta,
Che fa lo Scotto, e l' Inghilese folle,
Sì, che non può soffrir dentro a sua meta.

Vedrassi la lussuria, e 'l viver molle
Di quel di Spagna, e di quel di Buemme,
Che mai valor non conobbe, nè volle.

Vedrassi al Ciotto di Gerusalemme
Segnata con un I la sua bontate,
Quando 'l contrario segnerà un' emme.

Vedrassi l' avarizia, e la viltate
Di quel, che guarda l' isola del fuoco,
Dove Anchise finì la lunga etate:

E a dare ad intender quanto è poco,
La sua scrittura fien lettere mozze,
Che noteranno molto in parvo loco.

E parranno a ciascun l' opere sozze
Del Barba, e del Fratel, che tanto egregia
Nazione e duo corone han fatto bozze.

Là se verra le deuil que causa sur la Seine
Le roi faux-monnayeur dont la mort est prochaine
Et dont un sanglier purgera l'univers (2).

On y verra l'orgueil avide, l'insolence
Qui jette l'Écossais et l'Anglais en démence,
Et qui leur fait trouver leurs confins trop étroits (3).

On verra la luxure et la mollesse extrême
Du monarque d'Espagne et du roi de Bohème
Qui n'a jamais connu rien des devoirs des rois (4).

Du boiteux de Sion l'histoire s'y consigne (5);
De ce qu'il fit de bien un I sera le signe,
Un M figurera ses actes malfaisants.

On y verra la honte et l'avarice vile
De celui qui gouverne en l'île de Sicile
Où le pieux Anchise a fini ses vieux ans (6).

Et pour se mesurer à son peu de mérite,
En chiffres abrégés son histoire est écrite;
Tous ses hauts faits seront dans un coin résumés.

Et de l'oncle et du frère on pourra lire encore
L'infamante conduite, hélas! qui déshonore
Une illustre famille et deux sceptres aimés (7).

E quel di Portogallo e di Norvegia
Lì si conosceranno, e quel di Rascia,
Che male aggiustò 'l conio di Vinegia.

O beata Ungheria, se non si lascia
Più malmenare! E beata Navarra,
Se s' armasse del monte, che la fascia!

E creder dee ciascun, che già per arra
Di questo, Nicosia, e Famagosta,
Per la lor bestia si lamenti e garra,

Che dal fianco dell' altre non si scosta.

Du roi de Portugal s'y verra l'infamie,
Et du roi de Norvège et du duc de Rascie,
Celui qui contrefit les coins vénitiens (8).

Hongrie heureuse, au jour où l'on mettrait la barre
Entre de bonnes mains! Heureuse la Navarre
Lorsqu'elle s'armera des monts Pyrénéens (9).

Ailleurs, croyez-le bien, la délivrance est sûre.
Nicosia se plaint, Famagouste murmure (10):
Arrhes du châtiment qui menace un brutal

Qu'il faut mettre à côté de ceux qui règnent mal. »

NOTES DU CHANT XIX.

(1) Albert, empereur d'Autriche, dont il a déjà parlé (*Purgatoire*, ch. VI, v. 97). L'invasion de la Bohême eut lieu quelques années après le voyage que Dante est censé faire en 1300.

(2) Philippe-le-Bel qui mourut d'une chute de cheval; mais, au dire des commentateurs, par le fait d'un sanglier qui s'était jeté dans les jambes de sa monture.

(3) Allusion aux rivalités d'Édouard Ier, roi d'Angleterre, et de Robert, roi d'Écosse.

(4) Alphonse, roi d'Espagne, et Wenceslas, roi de Bohême, à qui il a déjà (*Purgatoire*, ch. VII, v. 34) reproché ses mœurs efféminées.

(5) Charles, roi de Jérusalem, fils de Charles Ier, roi de Pouille, surnommé le Boiteux. Il aura à la page du bien un I, chiffre de l'unité, à celle du mal il aura un M, le chiffre de mille.

(6) Frédéric, fils de Pierre d'Aragon, qui lui succéda dans le royaume de Sicile, appelée dans le texte *isola del fuoco*, île de feu, à cause de l'Etna.

(7) Jacques, roi des îles Baléares, et Jacques, roi d'Aragon, le premier, oncle, et le second, frère de Frédéric, roi de Sicile.

(8) La Rascie, contrée de la Dalmatie et de la Servie, avant d'être conquise par les Turcs, avait ses ducs nationaux. Le prince qui y régnait au temps de Dante était accusé d'avoir altéré les monnaies de Venise.

(9) Contre Philippe-le-Bel.

(10) Nicosie et Famagouste, les deux villes principales de l'île de Chypre. Chose étrange! Dans cette satire virulente, aucun monarque de l'Europe n'est épargné par le poëte gibelin, doctrinaire de la monarchie. C'est que pour lui, si leurs droits venaient de Dieu, leurs devoirs étaient à cause de cela plus sacrés. Et c'est de la même manière qu'il a pu attaquer les papes et les abus de leur pouvoir temporel, sans être pour cela un hérétique, comme il a paru à M. Aroux, après Rossetti et quelques autres visionnaires, mais en restant au contraire catholique et orthodoxe.

ARGUMENT DU CHANT XX.

L'Aigle montre à Dante les âmes de princes justes par excellence qui resplendissent dans son sein. Le poëte s'étonne de voir dans le nombre deux personnages qu'il avait crus païens. L'Aigle lui explique comment tous deux étaient morts dans la foi de Jésus-Christ.

CANTO VENTESIMO.

Quando colui, che tutto 'l mondo alluma,
Dell' emisperio nostro si discende,
E 'l giorno d' ogni parte si consuma,

Lo Ciel, che sol di lui prima s' accende,
Subitamente si rifà parvente
Per molte luci, in che una risplende.

E questo atto del Ciel mi venne a mente,
Come 'l segno del mondo, e de' suoi duci,
Nel benedetto rostro fu tacente:

Però che tutte quelle vive luci,
Vie più lucendo, cominciaron canti
Da mia memoria labili e caduci.

CHANT VINGTIÈME.

Lorsque l'astre qui donne au monde la lumière
Descend à l'horizon dessous notre hémisphère
Et que de toutes parts le jour s'éteint et fuit,

A la place où brillait seul le flambeau solaire
De mille astres nouveaux le firmament s'éclaire,
Et dans ces feux encor c'est lui seul qui reluit.

Cette phase du ciel me vint à la pensée
Quand cessa de parler l'aigle au ciel exhaussée,
Des monarques du monde insigne glorieux,

Et que ces feux vivants, plus vifs, plus magnifiques,
Éclatèrent soudain en sublimes cantiques
Dont j'ai perdu mémoire en descendant des Cieux.

O dolce Amor, che di riso t' ammanti,
Quanto parevi ardente in que' favilli,
Che aveano spirto sol di pensier santi!

Poscia che i cari e lucidi lapilli,
Ond' io vidi 'ngemmato il sesto lume,
Poser silenzio agli angelici squilli,

Udir mi parve un mormorar di fiume,
Che scende chiaro giù di pietra in pietra,
Mostrando l' ubertà del suo cacume.

E come suono al collo della cetra
Prende sua forma, e sì come al pertugio
Della sampogna vento, che penetra;

Così, rimosso d' aspettar indugio,
Quel mormorar dell' Aquila salissi,
Su per lo collo, come fusse bugio.

Fecesi voce quivi, e quindi uscissi
Per lo suo becco, in forma di parole,
Quali aspettava 'l cuore, ov' io le scrissi:

La parte in me, che vede, e pate il Sole
Nell' aguglie mortali, incominciommi,
Or fisamente riguardar si vuole:

O doux amour, toi qui sous tes rayons te voiles,
Que tu semblais brûlant dans ces millions d'étoiles
N'ayant toutes qu'un souffle, un seul penser pieux !

Quand chaque précieuse étincelante pierre,
Dont s'ornait à mes yeux la sixième Lumière (1),
Quand chaque ange eut fini son chant mélodieux,

Il me parut ouïr comme le bruit d'un fleuve
Qu'une source abondante à gros bouillons abreuve,
Et qui court transparent de rocher en rocher.

Et tel le son prend forme au manche de la lyre;
Des trous du chalumeau qu'il remplit, tel Zéphyre
En sons harmonieux finit par s'épancher:

De la même façon, voici que, sans attendre,
Le murmure qui dans l'aigle s'est fait entendre
Comme par un canal monte le long du col,

Et là, devenu voix, trouvant une soupape,
En sons articulés par le bec il s'échappe,
Et mon cœur recueillait chaque syllabe au vol.

« Regarde, il en est temps, dit la voix qui m'appelle,
Regarde fixement en moi cette prunelle
Qui brave le soleil, même en l'aigle mortel.

Perchè de' fuochi, ond' io figura fommi,
Quelli onde l' occhio in testa mi scintilla,
E di tutti lor gradi son li sommi:

Colui, che luce in mezzo per pupilla,
Fu il cantor dello Spirito Santo,
Che l' Arca traslatò di villa in villa:

Ora conosce 'l merto del suo canto,
In quanto affetto fu del suo consiglio,
Per lo remunerar, ch' è altrettanto.

De' cinque, che mi fan cerchio per ciglio,
Colui che più al becco mi s' accosta,
La vedovella consolò del figlio:

Ora conosce quanto caro costa
Non seguir Cristo, per l' esperienza
Di questa dolce vita, e dell' opposta.

E quel, che segue in la circonferenza,
Di che ragiono, per l' arco superno,
Morte indugiò per vera penitenza:

Ora conosce che 'l giudicio eterno
Non si trasmuta, perchè degno preco
Fa crastino laggiù dell' odierno.

Car de ces mille feux dont ma figure est faite,
Ceux qui font scintiller mon œil dedans ma tête
Sont les plus élevés en grade dans ce Ciel.

Dans le milieu, celui qui brille en ma pupille,
C'est celui qui porta l'arche de ville en ville,
C'est le chantre royal rempli du Saint-Esprit (2).

Maintenant il comprend ce que vaut son cantique
En tant qu'il fut l'effet de son zèle mystique,
Et le prix qu'il reçoit égale ce qu'il fit.

Des cinq qui du sourcil dessinent la couronne,
Le plus près de mon bec, qui plus en bas rayonne,
A consolé la veuve en deuil de son enfant (3).

Maintenant il comprend, et par expérience,
Du Ciel et de l'Enfer sachant la différence,
Ce qu'il en coûte un jour de n'être pas croyant (4).

Celui qui vient après en la circonférence,
Dans l'arc de mon sourcil, a, par sa pénitence,
Par son vrai repentir, reculé son trépas (5).

Maintenant il comprend, encor bien qu'on obtienne
Un sursis quelquefois par prière chrétienne,
Que les décrets de Dieu pourtant ne changent pas (6).

L' altro che segue, con leggi e meco,
Sotto buona intenzion che fe' mal frutto,
Per cedere al Pastor si fece Greco:

Ora conosce come 'l mal dedutto
Dal suo bene operar non gli è nocivo,
Avvegna che sia 'l mondo indi distrutto.

E quel, che vedi nell' arco declivo,
Guglielmo fu, cui quella terra plora,
Che piange Carlo e Federigo vivo:

Ora conosce come s' innamora
Lo Ciel del giusto rege, ed al sembiante
Del suo fulgore il fa vedere ancora.

Chi crederebbe giù nel mondo errante,
Che Rifèo Troiano in questo tondo
Fosse la quinta delle luci sante?

Ora conosce assai di quel, che 'l mondo
Veder non può della divina grazia;
Benchè sua vista non discerna il fondo.

Qual lodoletta, che 'n aere si spazia
Prima cantando, e poi tace contenta
Dell' ultima dolcezza, che la sazia,

CHANT XX.

L'autre qui suit porta l'Empire avec moi-même
En Grèce : il laissa Rome au pontife suprême (7).
Pieuse intention qui porta mauvais fruit !

Maintenant il comprend comment de l'œuvre pie
Le mal a pu bientôt sortir, sans qu'il l'expie,
Bien que par là le monde ait été tout détruit.

Le suivant, au déclin du sourcil, c'est Guillaume (8),
Le roi que pleure mort ce malheureux royaume,
Qui pleure encor plus Charle et Frédéric vivants.

Maintenant il comprend de quel amour immense
Le Ciel couvre un roi juste ; il a sa récompense
Comme on peut le juger à ses feux éclatants.

Qui pourrait croire en bas, dans ce monde où l'on erre,
Que le Troyen Ryphée est cinquième lumière
Parmi les saints éclairs qui brillent dans ce rond (9)?

Maintenant il comprend un mystère adorable
De la Grâce divine au monde impénétrable,
Bien qu'il ne puisse pas en découvrir le fond. »

Ainsi que dans les airs, quand plane l'alouette,
Elle dit sa chanson, puis se tait satisfaite
En se rassasiant à son dernier couplet :

Tal mi sembiò l' imago della 'mprenta
Dell' eterno piacere, al cui disio
Ciascuna cosa, quale ell' è, diventa,

Ed avvegna ch' io fossi al dubbiar mio
Lì quasi vetro allo color, che il veste;
Tempo aspettar tacendo non patio:

Ma della bocca: Che cose son queste?
Mi pinse con la forza del suo peso:
Perch' io di coruscar vidi gran feste.

Poi appresso con l' occhio più acceso
Lo benedetto segno mi rispose,
Per non tenermi in ammirar sospeso:

Io veggio che tu credi queste cose
Perch' io le dico, ma non vedi come:
Sì che, se son credute, sono ascose.

Fai come quei, che la cosa per nome
Apprende ben: ma la sua quiditate
Veder non puote, s' altri non la prome.

Regnum Cœlorum violenzia pate
Da caldo amore e da viva speranza,
Che vince la divina volontate;

Ainsi soudain se tut l'oiseau saint, cet emblême
Du bon plaisir divin, de l'Arbitre suprême
De par qui toute chose au monde est ce qu'elle est.

Mon embarras perçait, de même qu'à la vue
Transparaît la couleur sur le verre étendue;
Mais sans attendre, et sans pouvoir me contenir,

Et la force du poids faisant partir les bondes,
J'éclatai dans ce mot : « Que d'énigmes profondes! »
L'aigle joyeusement me parut resplendir;

Puis aussitôt, ses yeux s'allumant davantage,
En ces mots me répond la bienheureuse Image,
Pour ne pas me tenir plus longtemps en émoi :

« Tu crois, je le vois bien, ce que tu viens d'entendre,
Parce que je le dis, mais sans pouvoir comprendre,
Ta foi porte un bandeau, si tu me prêtes foi.

Tu ressembles à ceux qui savent une chose
Par son nom; mais si c'est l'essence qu'on propose,
Ils ne peuvent rien voir, à moins d'être assistés.

Au *Regnum Cœlorum* parfois font violence
La Charité brûlante et la vive Espérance.
Par elles les décrets divins sont emportés :

Non a guisa che l' uomo all' uom sovranza :
Ma vince lei, perchè vuole esser vinta :
E vinta vince con sua beninanza.

La prima vita del ciglio e la quinta
Ti fa maravigliar, perchè ne vedi
La region degli Angeli dipinta.

De' corpi suoi non uscir, come credi,
Gentili, ma cristiani in ferma fede,
Quel de' passuri, e quel de' passi piedi:

Chè l' una dallo 'nferno, u' non si riede
Giammai a buon voler, tornò all' ossa,
E ciò di viva speme fu mercede :

Di viva speme, che mise sua possa
Ne' prieghi fatti a Dio per suscitarla,
Sì che potesse sua voglia esser mossa.

L' anima gloriosa onde si parla,
Tornata nella carne in che fu poco,
Credette in Lui, che poteva aiutarla.

E, credendo, s' accese in tanto fuoco
Di vero amor, ch' alla morte seconda
Fu degna di venire a questo giuoco.

Victoire qui n'a rien d'une humaine victoire.
De vaincre Dieu, c'est Dieu qui leur donne la gloire,
Et sa bonté triomphe alors qu'il est vaincu.

Le premier feu de mon sourcil et le cinquième (10),
Les voir dans le séjour de ceux que le Ciel aime,
Voilà d'étonnement ce qui t'a confondu.

C'est qu'ils n'ont pas quitté leurs corps dans l'ignorance,
Comme tu crois, mais en chrétiens, dans la croyance,
L'un du Sauveur futur, l'autre du Sauveur né.

L'un, tiré de l'enfer où l'âme de l'impie
Ne s'amende jamais, remonta dans la vie.
Dieu paya de ce prix un espoir obstiné :

Espérance sublime et qui mit tant de flamme
Dans les vœux faits à Dieu pour rendre au jour cette âme,
Que du Juge éternel la volonté s'émut.

Quand l'âme dont je parle, aujourd'hui fortunée,
Fut pour un peu de temps dans sa chair retournée,
Elle crut dans Celui qui pouvait son salut ;

Et croyant, s'enflamma d'une ferveur insigne,
D'un si brûlant amour, que Dieu la jugea digne,
A sa seconde mort, d'entrer dans ce joyau (11).

L' altra per grazia, che da sì profonda
Fontana stilla, che mai creatura
Non pinse l' occhio insino alla prim' onda,

Tutto suo amor laggiù pose a drittura;
Perchè di grazia in grazia Dio gli aperse
L' occhio alla nostra redenzion futura:

Onde credette in quella, e non sofferse
Da indi 'l puzzo piu del paganesmo,
E riprendeane le genti perverse.

Quelle tre donne gli fur per battesmo,
Che tu vedesti dalla destra ruota,
Dinanzi al battezzar più d' un millesmo.

O predestinazion, quanto rimota
È la radice tua da quegli aspetti,
Che la prima cagion non veggion *tota!*

E voi, mortali, tenetevi stretti
A giudicar: chè noi, che Dio vedemo,
Non conosciamo ancor tutti gli eletti:

Ed enne dolce così fatto scemo:
Perchè 'l ben nostro in questo ben s' affina,
Che quel, che vuole Dio, e noi volemo.

Quant à l'autre, de par la Grâce sans seconde,
Qui coule d'une source immense et si profonde
Que nul être jamais n'en vit la première eau,

Il mit tout son amour sur terre en la Justice.
Voilà pourquoi, de grâce en grâce, Dieu propice
A la rédemption future ouvrit ses yeux.

Il y crut, et dès lors son âme fut chrétienne.
Et ne pouvant souffrir l'infection païenne,
Il en faisait reproche au monde vicieux.

Trois dames, ces trois-là que tu trouvas toi-même
A la droite du char (12), lui firent un baptême
Plus de mille ans avant le baptême établi.

Prédestination ! oh ! que ta source obscure
Est loin, bien loin de l'œil de toute créature,
Qui ne perçoit jamais qu'un point de l'infini !

Et vous, prompts à juger, refrénez votre audace,
O mortels ! Puisque nous, voyant Dieu face à face,
Nous ne connaissons pas encor tous les élus.

Et nous nous complaisons dedans cette ignorance;
Car notre joie ici croît par la jouissance
De conformer nos vœux à ses vœux absolus. »

Così da quella immagine divina,
Per farmi chiara la mia corta vista,
Data mi fu soave medicina.

E come a buon cantor buon citarista
Fa seguitar lo guizzo della corda,
In che più di piacer lo canto acquista,

Sì, mentre che parlò, mi si ricorda
Ch' io vidi le duo luci benedette,
Pur come batter d' occhi si concorda,

Con le parole muover le fiammette.

Ainsi par l'oiseau saint, par la divine Image,
Pour que mes faibles yeux pussent voir davantage,
M'avait été versé le cordial enchanteur.

Et comme un bon joueur de lyre qui s'accorde
Avec celui qui chante et fait vibrer la corde
Qui donne plus de charme à la voix du chanteur :

Ainsi, comme il parlait, j'en ai gardé mémoire,
Je vis les deux brillants dont il disait la gloire,
Semblables à deux yeux palpitant à la fois,

En dardant leurs éclairs, accompagner la voix.

NOTES DU CHANT XX.

(1) Le sixième Ciel, le Ciel des justes, dit Ciel de Jupite[r]

(2) David.

(3) Trajan, qui vengea la mort du fils de la veuve, co[mme] il est dit au *Purgatoire*, chant X, tercet 25 et suiv.

(4) Suivant une tradition populaire, après 500 ans d'e[nfer] Trajan avait été tiré de l'abîme aux prières de saint Grég[oire] attendri par les vertus de cet empereur païen.

(5) Ézéchias.

(6) Sans doute parce que Dieu avait prévu de toute éte[rnité] les prières et le repentir qui suspendraient pour Ézéc[hias] l'arrêt de mort.

(7) Constantin.

(8) Guillaume II, dit le Bon, roi de Sicile, à la mort du[quel] le royaume fut en proie aux compétitions sanglantes de Cha[rles] d'Anjou et de Frédéric d'Aragon.

(9) Le Troyen Riphée, ce juste de qui Virgile a dit :
> *Justissimus unus*
> *Qui fuit in Teucris et servantissimus œqui.*

(10) Trajan et Riphée.

(11) Comme on le voit Trajan n'est pas monté directeme[nt de] l'enfer au Ciel aux prières de saint Grégoire, il a fallu [au] préalable qu'il revînt sur la terre adorer Jésus-Christ. Par [cette] addition à la légende populaire, le poëte catholique trouv[e le] moyen subtil de l'accorder avec cette sentence prononcée [par] l'aigle au chant précédent, et fondamentale en matière [d'or]thodoxie : Hors de Jésus-Christ, ni avant lui ni après, poin[t de] salut. Et c'est là le poëte dont on a voulu faire un hérétic[ue,] un Patarin ou un Cathare !

(12) La Foi, l'Espérance et la Charité que Dante a vues [à la] droite du char dans le Paradis terrestre (voy. *Purgato[ire,]* ch. XXIX).

ARGUMENT DU CHANT XXI.

Du Ciel de Jupiter Dante monte au septième Ciel, au Ciel de Saturne, séjour des solitaires contemplatifs. Des flammes radieuses montent et descendent sur une échelle d'or gigantesque. Entretien de Dante avec le saint ermite Pierre Damien.

CANTO VENTESIMO PRIMO.

Già eran gli occhi miei rifissi al volto
Della mia Donna, e l'animo con essi,
E da ogni altro intento s'era tolto:

Ed ella non ridea; ma: S'io ridessi,
Mi cominciò, tu ti faresti quale
Semelè fu, quando di cener fessi:

Chè la bellezza mia, che per le scale
Dell'eterno palazzo più s'accende,
Com' hai veduto, quanto più si sale,

Se non si temperasse, tanto splende,
Che 'l tuo mortal podere al suo fulgore
Parrebbe fronda, che tuono scoscende.

CHANT VINGT ET UNIÈME.

Déjà devers le front de ma céleste Dame
Je reportais mes yeux, avec mes yeux mon âme,
Absorbé tout entier et comme ensorcelé.

Le souris avait fui de sa lèvre, et de dire :
« Si je ne retenais à présent mon sourire,
Cendre tu deviendrais, semblable à Sémélé (1).

Pour ce que ma beauté qui, le long de l'échelle
De l'éternel palais, d'autant plus étincelle
Que l'on monte plus haut, ainsi que tu l'as vu,

Si je ne tempérais son éclat, serait telle
Que devant sa splendeur ta faiblesse mortelle
Semblerait un rameau par la foudre abattu.

Noi sem levati al settimo splendore,
Che sotto il petto del Lione ardente
Raggia mo misto giù del suo valore.

Ficca dirietro agli occhi tuoi la mente,
E fa di quegli specchio alla figura,
Che 'n questo specchio ti sarà parvente.

Chi sapesse qual' era la pastura
Del viso mio nell' aspetto beato,
Quand' io mi trasmutai ad altra cura,

Conoscerebbe quanto m' era a grato
Ubbidire alla mia celeste scorta,
Contrappesando l' un con l' altro lato.

Dentro al cristallo, che 'l vocabol porta,
Cerchiando 'l mondo, del suo caro duce,
Sotto cui giacque ogni malizia morta,

Di color d' oro, in che raggio traluce,
Vid' io uno scalèo eretto in suso,
Tanto, che nol seguiva la mia luce.

Vidi anche per li gradi scender giuso
Tanti splendor, ch' io pensai, ch' ogni lume,
Che par nel Ciel, quindi fosse diffuso.

Nous sommes parvenus à la septième sphère (2)
Qui, sous le signe ardent du Lion, vers la terre
Projette en ce moment un éclat plus vermeil.

Mets ton âme en tes yeux : de leur double fenêtre
Fais-toi comme un miroir pour ce qui va paraître
Dans cet astre, miroir lui-même du soleil ! »

Si l'on pouvait savoir quelle exquise pâture
Donnait à mes regards cette sainte figure,
Lorsque j'en détachai mes esprits enchantés,

On comprendrait combien aussi j'étais avide,
D'obéir à la voix de mon céleste guide,
Passant de joie en joie, heureux des deux côtés.

Dans l'astre transparent, roulant autour du globe
Sous le nom vénéré de ce monarque probe
Qui, dans son règne heureux, écrasa le péché (3),

Je vis, de couleur d'or, au soleil rayonnante,
Une échelle si haute et si resplendissante
Que le faîte à mes yeux en demeurait caché.

Et je vis, descendant les échelons de gloire,
Des millions de splendeurs, tant, que j'en vins à croire
Que tous les feux du Ciel s'étaient là répandus.

E come per lo natural costume
Le pole insieme al cominciar del giorno
Si muovono a scaldar le fredde piume;

Poi altre vanno via senza ritorno,
Altre rivolgon sè onde son mosse,
E altre roteando fan soggiorno;

Tal modo parve a me, che quivi fosse
In quello sfavillar, che insieme venne,
Sì come in certo grado si percosse:

E quel, che presso più ci si ritenne,
Si fe' sì chiaro, ch' io dicea pensando,
Io veggio ben l' amor, che tu m' accenne.

Ma quella, ond' io aspetto il come, e 'l quando
Del dire e del tacer, si sta; ond' io
Contra 'l disio fo ben, s' io non dimando.

Per ch' ella, che vedeva il tacer mio
Nel veder di Colui che tutto vede,
Mi disse: Solvi il tuo caldo disio.

Ed io incominciai: La mia mercede
Non mi fa degno della tua risposta,
Ma, per colei, che il chieder mi concede:

Et comme, par instinct, dès que le jour s'allume,
S'agitent les corbeaux pour réchauffer la plume
Sur leurs membres transis que le froid a mordus ;

Puis ceux-ci de partir pour toujours ; dans l'espace
Ceux-là de s'élancer, puis revenir ; sur place
Ceux-là de tournoyer volant en tourbillon :

Telle s'offrit à moi la bande étincelante,
Jaillissant en éclairs sur l'échelle brûlante,
Sitôt qu'elle touchait à certain échelon.

Près de nous un des feux du radieux cortége
Se posa plus brillant. Je reconnais, pensais-je,
L'amour aux clairs rayons que je te vois darder.

Mais celle dont j'attends qu'un ordre me permette
De parler ou me taire est encore muette ;
Je crois donc faire bien de ne rien demander.

Béatrix qui voyait mon silence pénible
Dans les yeux de Celui pour qui tout est visible,
Me dit : « Que ton désir ait satisfaction ! »

Et moi je commençai : « Je n'ai rien qui me fasse
Digne d'un mot de toi ; mais au nom, par la grâce
De celle qui me pousse à cette question,

Vita beata, che ti stai nascosta
Dentro alla tua letizia, fammi nota
La cagion, che sì presso mi t' accosta:

E dì perchè si tace in questa ruota
La dolce sinfonia di Paradiso,
Che giù per l' altre suona sì devota.

Tu hai l' udir mortal sì come 'l viso,
Rispose a me: però qui non si canta
Per quel, che Beatrice non ha riso.

Giù per li gradi della scala santa
Discesi tanto sol per farti festa
Col dire e con la luce, che m' ammanta:

Nè più amor mi fece esser più presta:
Chè più e tanto amor quinci su ferve,
Sì come il fiammeggiar ti manifesta.

Ma l' alta carità, che ci fa serve
Pronte al consiglio, che il mondo governa,
Sorteggia qui, sì come tu osserve.

Io veggio ben, diss' io, sacra lucerna,
Come libero amore in questa Corte
Basta a seguir la providenza eterna.

O Vie heureuse ! ô toi qui demeures voilée
Au sein de ton bonheur ! Splendeur immaculée !
Dis-moi ce qui t'a fait venir si près de nous;

Et dis aussi pourquoi dans ta sphère bénie,
On n'entend plus du Ciel la tendre symphonie
Dont, plus bas, les accents retentissaient si doux?»

— «Aussi bien que tes yeux ton ouïe est mortelle,
Et l'on ne chante plus ici, répondit-elle,
Pour ce qui fait qu'ici Béatrix ne rit plus.

De l'échelle sacrée abandonnant le faîte,
Si je descends si bas, c'est pour te faire fête
Par ma voix, par les feux où mon corps est reclus.

Je n'ai pas plus d'amour, moi qui viens la première :
Autant et plus d'amour bouillonne là derrière
Comme ce flamboîment à tes yeux en fait foi.

La haute charité qui nous donne en servage
Au monarque du monde, en ces lieux nous partage,
Assignant à chacun le rang où tu nous vois. »

— «Je comprends, répartis-je alors, ô lampe sainte !
Comment le libre amour dans la divine enceinte
Suffit pour obéir au monarque éternel.

4

Ma quest' è quel, ch' a cerner mi par forte;
Perchè predestinata fosti sola
A questo uficio tra le tue consorte.

Non venni prima all' ultima parola,
Che del suo mezzo fece il lume centro,
Girando sè come veloce mola.

Poi rispose l' amor che v' era dentro;
Luce divina sovra me s' appunta,
Penetrando per questa, ond' io m' inventro:

La cui virtù col mio veder congiunta
Mi leva sovra me tanto, ch' io veggio
La somma essenzia, della quale è munta.

Quinci vien l' allegrezza, ond' io fiammeggio,
Perchè alla vista mia, quant' ella è chiara,
La chiarità della fiamma pareggio.

Ma quell' alma nel Ciel che più si schiara,
Quel Serafin che 'n Dio più l' occhio ha fisso,
Alla dimanda tua non soddisfára:

Perocchè sì s' innoltra nell' abisso
Dell' eterno statuto quel che chiedi,
Che da ogni creata vista è scisso.

Mais ce qui me paraît difficile à comprendre,
C'est pourquoi tu fus seule appelée, âme tendre!
A ce poste, entre ceux qui partagent ton Ciel? »

Je n'eus pas prononcé la dernière parole
Que, sur place soudain tournoyant, l'auréole
Vola comme une roue autour de son essieu.

Puis l'amour répondit enfermé dans l'étoile :
« Pénétrant le rayon lumineux qui me voile,
Sur moi darde d'aplomb la lumière de Dieu.

Sa vertu de mes yeux augmente la puissance,
Et m'exalte à ce point que j'en perçois l'essence
Et la source suprême au fond du Paradis.

De là mon allégresse et ma flamme splendide ;
Car plus ma vision devient claire et lucide,
Et plus de claire flamme aussi je resplendis.

Mais le plus éclairé de la céleste sphère,
Le premier séraphin, inondé de lumière,
Son œil plongeant en Dieu, ne te répondrait pas.

Car dans ses profondeurs la Sagesse éternelle,
Ce que tu veux savoir, si fort avant le cèle,
Que tout être créé, pour y voir, est trop bas.

E al mondo mortal quando tu riedi,
Questo rapporta, sì che non presumma
A tanto segno più muover li piedi.

La mente, che qui luce, in terra fumma:
Onde riguarda come può laggiùe
Quel che non puote, perchè 'l Ciel l' assumma.

Sì mi prescrisser le parole sue,
Ch' io lasciai la quistione, e mi ritrassi
A dimandarla umilmente chi fue.

Tra duo liti d' Italia surgon sassi,
E non molto distanti alla tua patria,
Tanto che i tuoni assai suonan più bassi:

E fanno un gibbo, che si chiama Catria,
Disotto al quale è consecrato un ermo,
Che suol' esser disposto a sola latria.

Così ricominciommi 'l terzo sermo:
E poi continuando disse: Quivi
Al servigio di Dio mi fei sì fermo,

Che pur con cibi di liquor d' ulivi
Licvemente passava caldi e geli,
Contento ne' pensier contemplativi.

Et lorsque tu seras revenu sur la terre,
Rapporte-s-y cela pour qu'à si haut mystère
L'homme ne tende plus de son regard mortel.

Votre âme, flamme ici, sur la terre est fumée ;
Comment donc pourrait-elle, en bas, cendre animée,
Ce qu'elle ne peut pas dans les hauteurs du Ciel ? »

Ce que disait la voix était si péremptoire
Que, bornant humblement mon interrogatoire,
Du nom qu'elle portait je m'enquis seulement.

« Frère, entre les deux mers qui bordent l'Italie,
Il est d'âpres rochers, non loin de ta patrie,
Élevés au-dessus des colères du vent :

Ils forment une bosse énorme qu'on appelle
Catria, vaste croupe au-dessous de laquelle
Est un cloître fondé pour la prière et Dieu. »

Pour la troisième fois ainsi l'âme immortelle
Recommence à parler : « Or là, poursuivit-elle,
Au service divin je fus d'un si beau feu

Que sans autre aliment que le suc de l'olive,
Et tout entier à mon ardeur contemplative,
Je traversais l'hiver, l'été, le cœur joyeux.

Render solea quel chiostro a questi Cieli
Fertilemente, ed ora è fatto vano,
Sì che tosto convien, che si riveli.

In quel loco fu' io Pier Damiano:
E Pietro peccator fu nella casa
Di Nostra Donna in sul lito Adriano.

Poca vita mortal m' era rimasa,
Quando fui chiesto, e tratto a quel cappello,
Che pur di male in peggio si travasa.

Venne Cephas, e venne il gran vasello
Dello Spirito Santo, magri e scalzi,
Prendendo 'l cibo di qualunque ostello:

Or voglion quinci e quindi chi rincalzi
Gli moderni pastori, e chi gli meni,
Tanto son gravi! e chi dirietro gli alzi.

Cuopron de' manti lor li palafreni,
Sì che duo bestie van sott' una pelle:
O pazienzia, che tanto sostieni!

A questa voce vid' io più fiammelle
Di grado in grado scendere e girarsi,
Ed ogni giro le facea più belle.

Jadis rendait au Ciel une moisson fertile
Ce lieu saint, aujourd'hui devenu si stérile
Que le voile bientôt devra tomber des yeux,

Je fus Pierre Damien, différent de ce Pierre
Appelé Peccator qui fut au monastère
De Notre-Dame, au bord de la mer Adria.

Il ne me restait plus que peu de jours à vivre
Lorsque, pour ce chapeau que maintenant on livre
Aux plus indignes fronts, du cloître on me tira (4).

Vase d'élection, le grand Paul, et saint Pierre,
Maigres et les pieds nus, s'en allaient par la terre,
Sous n'importe quel toit mangeant au jour le jour.

Aujourd'hui le pasteur veut, quand il se promène,
Quelqu'un qui le soutienne et quelqu'un qui le mène,
Et par derrière encor quelqu'un, tant il est lourd.

Son long manteau couvrant sa haquenée, il semble
Que sous la même peau deux bêtes vont ensemble :
Patience divine, en as-tu supporté ! »

A ce mot-là je vis mille petites flammes
Descendre en tournoyant de l'échelle des âmes,
Et sur chaque échelon grandissait leur beauté.

Dintorno a questa vennero, e fermàrsi,
E fêro un grido di sì alto suono,
Che non potrebbe qui assomigliarsi:

Nè io lo 'ntesi, sì mi vinse il tuono.

Et se rangeant autour de l'âme, leur semblable,
Elles firent entendre un cri si formidable,
Qu'on ne peut comparer rien au monde à ce cri :

Le sens m'en échappa, tant j'en fus ahuri.

NOTES DU CHANT XXI.

(1) Lorsqu'elle demanda de voir Jupiter dans toute sa gloire.
(2) La sphère de Saturne.
(3) Sous le nom de Saturne qui régna dans l'âge d'or.
(4) Pour le chapeau de cardinal.

ARGUMENT DU CHANT XXII.

Saint Benoît s'offre au poëte. Il désigne quelques-uns de ses compagnons de Ciel, voués, comme lui, sur la terre, à la vie contemplative, fondateurs d'ordre dont la règle est aujourd'hui lettre morte entre les mains de moines avides et dégénérés. Ascension à la huitième sphère, c'est-à-dire au Ciel des étoiles fixes où le poëte et Béatrice pénètrent par la constellation des Gémeaux. Le poëte jette un coup d'œil sur le chemin parcouru.

CANTO VENTESIMO SECONDO.

Oppresso di stupore alla mia guida
Mi volsi come parvol, che ricorre
Sempre colà, dove più si confida.

E quella come madre, che soccorre
Subito al figlio pallido ed anelo,
Con la sua voce, che 'l suol ben disporre,

Mi disse: Non sai tu, che tu se 'n Cielo,
E non sai tu, che 'l Cielo è tutto santo,
E ciò che ci si fa, vien da buon zelo?

Come t' avrebbe trasmutato il canto,
Ed io ridendo, mo pensar lo puoi,
Poscia che 'l grido t' ha mosso cotanto?

CHANT VINGT-DEUXIÈME.

Accablé de stupeur je détournai la tête
Du côté de mon Guide : ainsi, l'âme inquiète,
Dans le sein maternel l'enfant cherche un secours.

Béatrix, sur le champ, comme une mère tendre
A son fils haletant et pâle fait entendre
La bienfaisante voix qui le calme toujours,

Me dit : « Sommes-nous pas dans la céleste enceinte?
Et ne sais-tu donc pas, dis, qu'elle est toute sainte
Et que ce qui s'y fait vient de bonne vertu?

Quel bouleversement le chant des voix divines
Et mon souris t'auraient causé, tu le devines :
Juge-s-en à ce cri qui t'a si fort ému.

Nel qual se 'nteso avessi i prieghi suoi,
Già ti sarebbe nota la vendetta,
La qual vedrai innanzi che tu muoi.

La spada di quassù non taglia in fretta,
Nè tardo, ma che al parer di colui,
Che desiando, o temendo l' aspetta.

Ma rivolgiti omai inverso altrui:
Ch' assai illustri spiriti vedrai,
Se, com' io dico la vista ridui.

Com' a lei piacque gli occhi dirizzai,
E vidi cento sperule, che 'nsieme
Più s' abbellivan con mutui rai.

Io stava come quei, che in sè ripreme
La punta del disio, e non s' attenta
Del dimandar, sì del troppo si teme:

E la maggiore, e la più luculenta
Di quelle margherite innanzi fessi,
Per far di sè la mia voglia contenta.

Poi dentro a lei udi': Se tu vedessi,
Com' io, la carità che tra noi arde,
Li tuoi concetti sarebbero espressi;

Mais le cri renfermait un vœu juste, et d'avance,
Si tu l'avais compris, tu saurais la vengeance
Que tu verras encor avant que de mourir.

Le glaive de là-haut frappe à l'heure précise.
Il ne met ni retard ni presse, quoiqu'on dise
Lorsqu'on attend ses coups avec crainte ou désir.

Tourne-toi maintenant : il te reste à connaître
Beaucoup d'esprits fameux que tu vas voir paraître
Si tu tournes les yeux du côté que je dis. »

Je braquai mes regards comme il plut à ma Dame,
Et je vis plus de cent petits globes de flamme,
De leurs rayons croisés l'un par l'autre embellis.

Je demeurai muet, comprimant en moi-même
L'aiguillon du désir, et dans un trouble extrême
Je ne demandais rien, craignant de trop oser ;

Quand soudain la plus grande et la plus lumineuse
De ces perles du Ciel, devant moi radieuse,
Pour exaucer mes vœux, accourut se poser :

Puis j'ouïs une voix : « Si tu pouvais connaître
L'ardente charité dont le feu nous pénètre,
Les désirs de ton cœur, tu les exprimerais.

Ma perchè tu aspettando non tarde
All' alto fine, io ti farò risposta
Pure al pensier, di che sì ti riguarde.

Quel monte, a cui Cassino è nella costa,
Fu frequentato già in su la cima
Dalla gente ingannata, e mal disposta.

Ed io son quel, che su vi portai prima
Lo nome di Colui, che 'n terra addusse
La verità, che tanto ci sublima:

E tanta grazia sovra me rilusse,
Ch' io ritrassi le ville circostanti
Dall' empio colto, che 'l mondo sedusse.

Questi altri fuochi, tutti centemplanti,
Uomini furo, accesi di quel caldo,
Che fa nascere i fiori, e i frutti santi.

Qui è Maccario: qui è Romoaldo:
Qui son li frati miei, che dentro a' chiostri
Fermâr li piedi, e tennero 'l cuor saldo.

Ed io a lui: L' affetto, che dimostri
Meco parlando, e la buona sembianza,
Ch' io veggio, e noto in tutti gli ardor vostri,

Mais, pour qu'en hésitant, loin de ton but sublime
Tu ne t'attardes pas, à ta pensée intime
D'avance je m'en vais répondre tout exprès.

Au haut de la montagne au penchant de laquelle
S'élève Cassino, vivait une séquelle
De païens ignorants, méchants, licencieux.

Le premier je portai dans leur temple adultère
Le nom du Dieu qui fit descendre sur la terre
La sainte Vérité qui nous élève aux Cieux.

La Grâce luit en moi si vive et si profonde
Que de ce culte impie, où se perdait le monde,
Je parvins à tirer les cités d'alentour.

Tous ces feux ont été des solitaires, l'âme
A l'extase vouée, embrasés de la flamme
Qui fait naître les fleurs et les fruits saints au jour.

Là se tient Romuald : à côté c'est Macaire ;
Là mes frères de cloître et dont le sanctuaire
N'a pas gardé les pieds seulement, mais les cœurs. »

Et moi je répondis : « La tendre complaisance
Que ton parler témoigne, et cette bienveillance
Que je vois, et remarque en toutes vos splendeurs,

Così m' ha dilatata mia fidanza,
Come 'l Sol fa la rosa, quando aperta
Tanto divien, quant' ell' ha di possanza.

Però ti prego, e tu, padre, m' accerta,
S' io posso prender tanta grazia, ch' io
Ti veggia con immagine scoverta.

Ond' egli: Frate, il tuo alto disio
S' adempirà in su l' ultima spera,
Ove s' adempion tutti gli altri, e 'l mio.

Ivi è perfetta matura ed intera
Ciascuna disianza: in quella sola
È ogni parte là dove sempr' era:

Perchè non è in luogo, e non s' impola:
E nostra scala infino ad essa varca:
Onde così dal viso ti s' invola.

Infin lassù la vide il Patriarca
Jacob isporger la superna parte,
Quando gli apparve d' Angeli sì carca.

Ma per salirla mo nessun diparte
Da terra i piedi: e la regola mia
Rimasa è giù per danno delle carte.

CHANT XXII.

A dilaté mon âme, à présent rassurée,
Comme fait le Soleil de la rose pourprée,
Quand dans tout son éclat son calice est ouvert.

C'est pourquoi je t'en prie, o père ! à ma demande
Si tu peux accorder une grâce aussi grande,
Que je te voie un peu visage découvert ! »

L'esprit me répondit : « Ton vif désir, mon frère,
S'exaucera là-haut dans la dernière sphère
Où seront exaucés tous autres et le mien.

Chaque espérance là s'achève satisfaite.
En cette sphère seule immuable et parfaite
Tout demeure en sa place et ne s'y change rien,

Car elle, elle n'est pas dans un lieu, sur des pôles.
Là monte notre échelle, ô frère, où tu t'épaules ;
Pour ce dans les hauteurs elle échappe à tes yeux.

Jusque là-haut la vit Jacob, le patriarche,
Porter son faîte altier à sa dernière marche,
Lorsque d'anges chargée il la vit dans les Cieux.

Mais, pour l'escalader, plus personne à la terre
Ne s'arrache à présent ; là-bas ma règle austère
Ne pèse qu'au papier qu'elle noircit en vain.

Le mura, che soleano esser badia,
Fatte sono spelonche, e le cocolle
Sacca son piene di farina ria.

Ma grave usura tanto non si tolle
Contra 'l piacer di Dio quanto quel frutto,
Che fa il cuor de' monaci sì folle.

Chè quantunque la Chiesa guarda, tutto
È della gente, che per Dio dimanda,
Non di parente, nè d' altro più brutto.

La carne de' mortali è tanto blanda,
Che giù non basta buon cominciamento,
Dal nascer della quercia al far la ghianda.

Pier cominciò senz' oro e senza argento,
Ed io con orazione e con digiuno,
E Francesco umilmente il suo convento.

E se guardi al principio di ciascuno,
Poscia riguardi là, dov' è trascorso,
Tu vederai del bianco fatto bruno.

Veramente Giordan vôlto retrorso
Più fu, e il mar fuggir, quando Dio volse,
Mirabile a veder, che qui il soccorso.

Les murs qui recouvraient les cloîtres solitaires
Ne sont plus aujourd'hui que d'horribles repaires,
Et les frocs des sacs pleins de cendre au lieu de grain.

L'usure, péché grave, est beaucoup moins coupable
Contre les lois de Dieu que ce lucre damnable
Qui perd le cœur du moine affolé pour de l'or.

Car tout ce que l'Église épargne est une offrande
Due à la pauvre gent, et qui pour Dieu demande,
Non un bien de famille ou d'emploi pire encor.

La chair mortelle, au mal, sur la terre, est si tendre
Que du meilleur début on n'y peut rien attendre.
Le chêne n'y tient pas jusqu'au gland bien souvent.

Sans or et sans argent avait commencé Pierre,
Et moi, c'était avec le jeûne et la prière,
Et François était humble en fondant son couvent.

Vois ce que notre règle était à l'origine
Et ce que l'on a fait de cette discipline,
Et tu pourras juger si le blanc a noirci.

De vrai, quand le Jourdain rebroussant en arrière
Fuit la mer à la voix du maître du tonnerre,
Le miracle fut grand plus qu'un secours ici (1)! »

Così mi disse: ed'indi si ricolse
Al suo collegio, e 'l collegio si strinse:
Poi come turbo in su tutto s' accolse.

La dolce Donna dietro a lor mi pinse
Con un sol cenno su per quella scala,
Sì sua virtù la mia natura vinse:

Nè mai quaggiù, dove si monta e cala,
Naturalmente fu sì ratto moto,
Ch' agguagliar si potesse alla mia ala.

S' io torni mai, lettore, a quel devoto
Trionfo, per lo quale io piango spesso
Le mie peccata, e 'l petto mi percuoto,

Tu non avresti in tanto tratto e messo
Nel fuoco il dito, in quanto io vidi 'l segno
Che segue 'l Tauro, e fui dentro da esso.

O gloriose stelle, o lume pregno
Di gran virtù, dal quale io riconosco
Tutto (qual che si sia) il mio ingegno,

Con voi nasceva, e s' ascondeva vosco
Quegli, ch' è padre d' ogni mortal vita,
Quand' io sentii da prima l' aer Tosco:

Ainsi dit l'âme, et puis vers la troupe sacrée
S'en retourne; et la troupe alors s'étant serrée
Prend son vol tout entière ainsi qu'un tourbillon.

Il ne fallut qu'un signe à ma Dame immortelle
Pour me faire monter aussi sur cette échelle;
Je me faisais esprit sous son saint aiguillon.

Et jamais ici-bas, qu'on descende ou qu'on monte,
On ne vit, sans miracle, une course si prompte
Qu'elle put s'égaler à mon essor divin.

Que plus je ne remonte, ô lecteur! à l'ivresse
De ce pieux triomphe, et pour lequel sans cesse
Je pleure mes péchés en me frappant le sein,

S'il n'est vrai qu'en le temps de mettre et de soustraire
Le doigt au feu, je vis le signe planétaire
Que le Taureau précède, et soudain fus dedans (2)!

O constellation glorieuse! ô lumière
Qu'imprégne une vertu puissante, à qui sur terre
Je dois tous mes talents humbles ou transcendants!

Vous serviez de cortége en sa course féconde
Au père de la vie, au grand flambeau du monde,
Quand la première fois j'aspirai l'air toscan.

E poi, quando mi fu grazia largita
D' entrar nell' alta ruota, che vi gira,
La vostra region mi fu sortita.

A voi divotamente ora sospira
L' anima mia, per acquistar virtute
Al passo forte, che a sè la tira.

Tu se' sì presso all' ultima salute,
Cominciò Beatrice, che tu dei
Aver le luci tue chiare e acute.

E però, prima che tu più t' inlei,
Rimira in giuso, e vedi quanto mondo
Sotto li piedi già esser ti fei:

Sì che 'l tuo cuor, quantunque può, giocondo,
S' appresenti alla turba trionfante,
Che lieta vien per questo etera tondo.

Col viso ritornai per tutte quante
Le sette spere, e vidi questo globo
Tal, ch' io sorrisi del suo vil sembiante:

E quel consiglio per migliore appròbo,
Che l' ha per meno: e chi ad altro pensa,
Chiamar si puote veramente probo.

CHANT XXII.

Et puis, lorsque j'entrai, par une sainte grâce,
Dans cet orbe élevé qui vous porte en l'espace,
En votre région m'entraîna mon élan.

Vers vous dévotement ore mon cœur soupire,
Pour qu'au passage ardu qui devers lui m'attire,
J'obtienne encor de vous suffisante vertu.

« Te voilà désormais bien près, dit Béatrice,
Du suprême salut, de ton dernier délice ;
Ton œil est sûrement plus clair et plus aigu.

Avant de t'immerger dans les divines ondes,
Regarde donc en bas, et vois combien de mondes
Je t'ai fait, sous tes pieds, laisser dès à présent ;

Afin que ton cœur s'ouvre avec pleine allégresse
Au peuple triomphal qui devers toi s'empresse
Et s'avance joyeux dans ce globe luisant ! »

De sphère en sphère alors, de la hauteur sublime
Mon regard descendit : Je vis ce monde infime ;
A son chétif aspect je souris de pitié.

Juge bien celui qui le juge peu de chose ;
Et celui dont plus haut l'espérance repose,
On peut le proclamer, n'est point sage à moitié.

Vidi la figlia di Latona incensa
Senza quell' ombra, che mi fu cagione,
Perchè già la credetti rara e densa.

L' aspetto del tuo nato, Iperione,
Quivi sostenni, e vidi com' si muove
Circa, e vicino a lui Maia e Dione.

Quindi m' apparve il temperar di Giove
Tra 'l padre e 'l figlio: e quindi mi fu chiaro
Il variar, che fanno di lor dove:

E tutti e sette mi si dimostraro
Quanto son grandi, e quanto son veloci,
E come sono in distante riparo.

L' aiuola, che ci fa tanto feroci,
Volgendom' io con gli eterni Gemelli,
Tutta m' apparve da' colli alle foci:

Poscia rivolsi gli occhi agli occhi belli.

Je vis briller d'en haut la fille de Latone,
Mais elle n'avait plus l'ombre qui nous étonne
Et que pour un côté plus dense j'avais pris.

Là, du soleil, ton fils, je soutins la lumière,
Hypérion ! Je vis fournissant leur carrière
Autour et près de lui Mercure avec Cypris (3).

Entre Saturne et Mars, Jupiter qui tempère
Les ardeurs de son fils, les glaces de son père,
Et les variations que suit leur mouvement.

Les sept orbes du Ciel s'offraient tous à ma vue.
J'en mesurais l'essor ainsi que l'étendue,
Et je voyais leur place et leur éloignement.

Les Gémeaux m'entraînant dans leur cours, tout entière
Des montagnes aux mers je vis enfin la terre,
Cet humble nid dont l'homme est si fort orgueilleux :

Et puis je relevai vers les beaux yeux mes yeux.

NOTES DU CHANT XXII.

(1) Ce secours que Dieu n'a pas refusé aux Hébreux, on peut donc encore l'attendre ici, pour relever l'Église. Mais il faut un miracle.

(2) La constellation des Gémeaux sous laquelle le poëte dit qu'il est né.

(3) Le texte dit Maïa et Dioné, désignant Mercure et Vénus par le nom de leurs mères.

ARGUMENT DU CHANT XXIII.

Apparition de Jésus-Christ triomphant, accompagné de la bienheureuse Vierge Marie, suivie elle-même d'une foule de bienheureux. Après quelques instants le resplendissant cortége qui est venu au-devant de Dante et de Béatrice remonte vers l'Empyrée.

CANTO VENTESIMO TERZO.

Come l' augello intra l' amate fronde,
Posato al nido de' suoi dolci nati,
La notte, che le cose ci nasconde,

Che per veder gli aspetti desiati,
E per trovar lo cibo onde gli pasca,
In che i gravi labor gli sono aggrati,

Previene 'l tempo in su l' aperta frasca,
E con ardente affetto il Sole aspetta,
Fiso guardando pur che l' alba nasca;

Così la donna mia si stava eretta,
Ed attenta, rivolta inver la plaga,
Sotto la puale il Sol mostra men fretta:

CHANT VINGT-TROISIÈME.

Quand la nuit de son voile obscurcit toute chose,
L'oiseau qui sur le nid de ses petits repose
Dans le feuillage aimé qui porte leur berceau,

Impatient de voir la chère géniture
Et de trouver pour elle et lui donner pâture
(Durs labeurs dont le prix lui rend doux le fardeau!)

Devance le moment sur la plus haute branche,
Et, l'œil fixe, épiant dans le ciel l'aube blanche,
Du jour avidement il attend le réveil.

Ainsi, debout, ma Dame, avec inquiétude,
Tenait ses yeux fixés vers cette latitude
Sous laquelle paraît s'attarder le soleil (1).

Sì che, veggendola io sospesa e vaga,
Fecimi quale è quei, che disiando
Altro vorria, e sperando s' appaga.

Ma poco fu tra uno ed altro quando,
Del mio attender, dico, e del vedere
Lo Ciel venir più e più rischiarando.

E Beatrice disse: Ecco le schiere
Del trionfo di Cristo, e tutto 'l frutto
Ricolto del girar di queste spere.

Pareami, che 'l suo viso ardesse tutto:
E gli occhi avea di letizia sì pieni,
Che passar mi convien senza costrutto.

Quale ne' plenilunii sereni
Trivia ride tra le Ninfe eterne,
Che dipingono 'l Ciel per tutti i seni,

Vid' io sopra migliaia di lucerne,
Un Sol, che tutte quante l' accendea,
Come fa 'l nostro le viste superne:

E per la viva luce trasparea
La lucente sustanzia tanto chiara
Nel viso mio, che non la sostenea.

CHANT XXIII.

Moi, la voyant ainsi pensive, impatiente,
A mon tour je devins comme un homme en attente
Qu'agite le désir mais qu'apaise l'espoir.

Or il ne s'écoula que bien peu de distance
De l'espérance au terme heureux de l'espérance.
Du Ciel de plus en plus s'éclaira le miroir;

Et Béatrix me dit : « Les voici les phalanges
Du Christ vainqueur! voici toute la moisson d'anges
Qu'ont ces orbes divins recueillie en leur cours! »

Son visage semblait n'être plus qu'une flamme
Et ses yeux rayonnaient de la liesse de l'âme,
Tant, que pour les dépeindre il n'est point de discours.

Telle, en la pleine lune, et quand les nuits sont belles,
Diane sourit parmi les nymphes éternelles
Qui du Ciel éclairé diaprent les profondeurs : (2)

Sur des milliers de feux dans les célestes routes,
Tel je vis un Soleil qui les allumait toutes
Comme le nôtre fait des stellaires splendeurs;

Cependant qu'au travers de la vive lumière
Si claire apparaissait la substance première,
Que mon regard mortel ne la put supporter.

O Beatrice, dolce guida e cara!
Ella mi disse: Quel che ti sobranza,
È virtù, da cui nulla si ripara.

Quivi è la Sapienza, e la Possanza.
Ch' aprì le strade tra 'l Cielo e la Terra,
Onde fu già sì lunga disianza.

Come fuoco di nube si disserra
Per dilatarsi, sì che non vi cape,
E fuor di sua natura in giù s' atterra;

Così la mente mia, tra quelle dape
Fatta più grande, di sè stessa uscio,
E che si fesse rimembrar non sape.

Apri gli occhi, e riguarda qual son io:
Tu hai vedute cose, che possente
Se' fatto a sostener lo riso mio.

Io era come quei che si risente
Di visione obblita, e che s' ingegna
Indarno di riducerlasi a mente,

Quando io udii questa profferta, degna
Di tanto grado, che mai non si stingue
Del libro, che 'l preterito rassegna.

O Béatrix ! criai-je, ô ma douce immortelle !...
« Cette lumière qui t'écrase, me dit-elle,
C'est une force à qui rien ne peut résister.

C'est ici la Sagesse et la Toute-Puissance,
Qui, comblant à la fin une longue espérance,
A de la Terre au Ciel aplani le chemin (3). »

Ainsi, ne pouvant plus tenir dans le nuage,
Le feu, se dilatant, le crève et s'en dégage
Et, créé pour monter, il s'atterre soudain :

Ainsi, s'élargissant à ce délice extrême,
Mon esprit dilaté sortit hors de lui-même,
Et de ce qu'il devint je n'ai plus souvenir.

« Ouvre les yeux et me regarde, dit mon guide :
Tes yeux se sont trempés à ce tableau splendide ;
Mon sourire à présent, tu peux le soutenir. »

J'étais comme un rêveur qui garde encor la trace
De quelque vision que le réveil efface,
Sans pouvoir ressaisir le beau songe éclipsé,

Lorsque j'ouïs cette offre adorable et bien digne
Que ma reconnaissance à jamais la consigne
Dans le livre du cœur où s'écrit le passé.

Se mo sonasser tutte quelle lingue,
Che Polinnia con le suore fero
Del latte lor dolcissimo più pingue,

Per aiutarmi, al millesmo del vero
Non si verria cantando 'l santo riso,
E quanto 'l santo aspetto facea mero.

E così, figurando 'l Paradiso,
Convien saltar lo sagrato poema,
Come chi truova suo cammin reciso.

Ma chi pensasse il ponderoso tema,
E l' omero mortal che se ne carca,
Nol biasmerebbe, se sott' esso trema.

Non è poleggio da picciola barca
Quel che fendendo va l' ardita prora,
Nè da nocchier, ch' a sè medesmo parca.

Perchè la faccia mia sì t' innamora,
Che tu non ti rivolgi al bel giardino,
Che sotto i raggi di Cristo s' infiora?

Quivi è la rosa, in che 'l Verbo Divino
Carne si fece: quivi son li gigli,
Al cui odor s' aperse 'l buon cammino.

Quand toutes à la fois les voix que Polymnie
Nourrit avec ses sœurs de plus douce harmonie
Viendraient s'adjoindre à moi, leur secours serait vain ;

Je n'arriverais pas à chanter le millième
De ce divin sourire, et la splendeur suprême
Que donnait le sourire au visage divin.

Voilà pourquoi, peignant le Paradis, ma lyre
Doit sauter par dessus ce qu'on ne peut décrire,
Comme un homme en chemin qui rencontre un fossé.

Mais si l'on réfléchit quel poids et quelle peine
Qu'un tel sujet chargé sur une épaule humaine,
Nul ne s'étonnera que j'en sois oppressé.

Ce n'est pas un chemin dont un esquif se joue
Celui que va fendant si hardiment ma proue,
Ni celui d'un nocher qui s'épargne au labeur.

« Pourquoi t'enamourant à regarder ma face
Ne contemples-tu pas le jardin de la Grâce,
Qui fleurit aux rayons fécondants du Sauveur?

Ici s'ouvre la Rose en qui de Dieu le Verbe
Se fit chair : ici sont tous réunis en gerbe
Les lys dont le parfum montre le bon chemin (4). »

Così Beatrice: ed io, ch' a' suoi consigli
Tutto era pronto, ancora mi rendei
Alla battaglia de' debili cigli.

Come a raggio di Sol, che puro mei
Per fratta nube, già prato di fiori
Vider coperti d' ombra gli occhi miei,

Vid' io così più turbe di splendori
Fulgurati di su di raggi ardenti,
Senza veder principio di fulgori.

O benigna virtù, che sì gl' imprenti,
Su t' esaltasti per largirmi loco
Agli occhi lì, che non eran possenti.

Il nome del bel fior, ch' io sempre invoco
E mane e sera, tutto mi ristrinse
L' animo ad avvisar lo maggior foco.

E, com' ambo le luci mi dipinse
Il quale e 'l quanto della viva stella,
Che lassù vince, come quaggiù vinse,

Parentro 'l Cielo scese una facella,
Formata in cerchio a guisa di corona,
E cinsella, e girossi intorno ad ella.

Ainsi dit Béatrix. Moi, toujours prompt à suivre
Ses inspirations, encore un coup je livre
Mon débile regard à cet assaut divin.

Comme aux rays du soleil qui d'un nuage sombre
Déchire l'épaisseur, souvent, les yeux dans l'ombre,
On voit resplendissant un pré couvert de fleurs,

J'aperçus des milliers de splendeurs surprenantes
Sur qui tombaient d'en haut des clartés fulgurantes,
Mais sans voir le foyer, source de ces splendeurs.

O bénigne Vertu dont elles sont l'empreinte,
Tu t'élevais dans les profondeurs hors d'atteinte,
Pour laisser le champ libre à mes trop faibles yeux (5)!

En entendant nommer la Rose que je prie
Le matin et le soir, je n'eus plus qu'une envie
Et cherchai du regard le plus grand de ces feux.

Et quand de mes deux yeux, dans son éclat sans voile,
Dans sa grandeur, je vis cette vivante étoile,
Reine au Ciel aussi bien qu'au terrestre séjour,

Une flamme au milieu de ce Ciel qui rayonne
Descendit, arrondie en forme de couronne,
Et vint ceindre l'étoile et tourner à l'entour (6).

Qualunque melodia, più dolce suona
Quaggiù, e più a sè l' anima tira,
Parrebbe nube, che squarciata tuona,

Comparata al sonar di quella lira,
Onde si coronava il bel zaffiro,
Del quale il Ciel più chiaro s' inzaffira.

Io sono amore angelico, che giro
L' alta letizia, che spira del ventre,
Che fu albergo del nostro disiro:

E girerommi, Donna del Ciel, mentre
Che seguirai tuo Figlio, e farai dia
Più la spera suprema, perchè lì entre.

Così la circulata melodia
Si sigillava, e tutti gli altri lumi
Facean sonar lo nome di MARIA.

Lo real manto di tutti i volumi
Del mondo, che più ferve, e più s' avviva
Nell' alito di Dio e ne' costumi,

Avea sovra di noi l' interna riva
Tanto distante, che la sua parvenza,
Là dov' io era, ancor non m' appariva:

Prenez l'air le plus doux que sur terre on entende,
Le plus délicieux auquel le cœur se rende,
Il bruira comme un coup de foudre étourdissant

A côté de la voix de cette lyre unique,
De ce feu couronnant le saphir magnifique
Dont s'azure le Ciel le plus resplendissant.

« Je suis, moi, l'angélique amour, et je tournoie
D'allégresse à l'entour de ce sein plein de joie,
Que choisit pour séjour notre désiré roi.

Toujours, Dame du Ciel, je volerai de même,
Pendant que tu suivras ton Fils au Ciel suprême (7)
Qui sera plus divin en s'ouvrant devant toi. »

Voilà ce qu'exprimait en notes singulières
La couronne chantante, et les autres lumières
Du doux nom de MARIE emplissaient tout le Ciel.

L'orbe premier, manteau royal de tous les mondes (8),
Le plus fervent de tous, qui reçoit plus fécondes
La vie et la chaleur près du souffle éternel,

A si grande distance au-dessus de nos têtes
Enfonçait dans les Cieux ses profondeurs secrètes
Que je ne pouvais pas le distinguer encor.

Però non ebber gli occhi miei potenza
Di seguitar la coronata fiamma,
Che si levò appresso sua semenza.

E come fantolin, che 'nver la mamma
Tende le braccia, poi che 'l latte prese,
Per l'animo, che 'n fin di fuor s'infiamma,

Ciascun di quei candori in su si stese
Con la sua cima, sì che l'alto affetto,
Che egli aveano a Maria, mi fu palese.

Indi rimaser lì nel mio cospetto,
Regina Cœli cantando sì dolce,
Che mai da me non si partì 'l diletto.

Oh quanta è l'ubertà, che si soffolce
In quell'arche ricchissime, che fóro
A seminar quaggiù buone bobolce!

Quivi si vive, e gode del tesoro,
Che s'acquistò piangendo nell'esilio
Di Babilonia, ove si lasciò l'oro.

Quivi trionfa sotto l'alto Filio
Di Dio e di Maria, di sua vittoria,
E con l'antico e col nuovo concilio

Colui, che tien le chiavi di tal gloria.

Ma force visuelle était donc trop bornée
Pour suivre dans son vol la flamme couronnée
Qui vers son fils chéri soudain prit son essor.

Et comme on voit l'enfant vers la mamelle aimée,
Exprimant au dehors son ardeur enflammée,
Tendre les bras après qu'il a sucé le lait :

Telle chaque splendeur s'allongeant par sa cime
Se tendit vers Marie ; ainsi l'amour sublime
Qu'elles avaient pour elle à moi se révélait.

Je les vis quelque temps encor, faisant entendre
Le cantique : *Regina Cœli*, d'un ton si tendre
Que mon âme toujours en garde la douceur.

Oh ! quels biens abondants ! oh ! quels trésors intimes
Remplissent jusqu'aux bords ces arches richissimes,
Bons semeurs ici-bas, semant pour le Seigneur !

Là-haut on vit heureux, on jouit sans alarmes
Des trésors qu'on s'acquit dans l'exil et les larmes,
Si de l'or sur la terre on s'est soucié peu.

Là triomphe, chantant la céleste victoire
Avec les saints nouveaux et le vieux consistoire,
Et sous le fils divin de Marie et de Dieu,

Celui qui dans ses mains tient les clés du saint lieu (9).

NOTES DU CHANT XXIII.

(1) Le Midi.

(2) La lune au milieu des étoiles.

(3) C'est ici Jésus-Christ lui-même que tu vois.

(4) La Rose, c'est la Vierge, et les lys, dont le parfum montre le bon chemin, sont les saints.

(5) Jésus-Christ, apparu un instant, remonte dans les profondeurs du Ciel.

(6) Cette flamme qui vient faire une couronne à la Rose, à Marie, c'est, disent les commentateurs, l'ange Gabriel.

(7) L'Empyrée.

(8) Le premier Mobile ou neuvième Ciel, qui au-dessous de l'Empyrée immobile enveloppe tous les autres Cieux.

(9) Saint Pierre au milieu de l'assemblée des saints de la loi nouvelle, et des patriarches de l'ancienne loi tirés des Limbes par Jésus-Christ.

ARGUMENT DU CHANT XXIV.

Béatrice, après avoir invoqué en faveur du poëte, son ami, tout le collége apostolique, prie saint Pierre de l'examiner sur la Foi. Le grand apôtre propose à Dante diverses questions. Dante répond à toutes. Le saint est satisfait et le bénit.

CANTO VENTESIMO QUARTO.

O Sodalizio eletto alla gran cena
Del benedetto Agnello, il qual vi ciba
Sì, che la vostra voglia è sempre piena:

Se per grazia di Dio questi preliba
Di quel che cade della vostra mensa,
Anzi che morte tempo gli prescriba,

Ponete mente alla sua voglia immensa,
E roratelo alquanto: voi bevete
Sempre del fonte, onde vien quel ch' ei pensa.

Così Beatrice: e quelle anime liete
Si fero spere sopra fissi poli,
Fiammando forte, a guisa di comete.

CHANT VINGT-QUATRIÈME.

« O convives élus tous à la grande Cène
De l'Agneau du Seigneur qui sans cesse à main pleine
Vous nourrit et qui rend tous vos désirs contents !

Puisque cet homme peut, par grâce délectable,
Goûter d'avance aux mets tombés de votre table,
Avant que son trépas en ait marqué le temps,

Daignez venir en aide à son désir immense !
A la source d'où vient le bien auquel il pense,
Vous qui buvez, daignez le rafraîchir un peu ! »

Ainsi dit Béatrice : alors chaque âme en fête,
Rayonnant vivement ainsi qu'une comète,
Tournoie autour de nous comme autour d'un essieu.

E, come cerchi in tempra d' oriuoli
Si giran sì, che 'l primo, a chi pon mente,
Quieto pare, e l' ultimo che voli,

Così quelle carole differente-
mente danzando, della sua ricchezza
Mi si facean stimar veloci e lente.

Di quella, ch' io notai di più bellezza,
Vid' io uscire un fuoco sì felice,
Che nullo vi lasciò di più chiarezza:

E tre fiate, intorno di Beatrice
Si volse con un canto tanto divo,
Che la mia fantasia nol mi ridice:

Però salta la penna, e non lo scrivo:
Che l' immaginar nostro a cotai pieghe,
Non che 'l parlare, è troppo color vivo.

O santa suora mia, che sì ne preghe,
Devota, per lo tuo ardente affetto,
Da quella bella spera mi disleghe:

Poscia, fermato il fuoco benedetto,
Alla mia donna dirizzò lo spiro,
Che favellò così com' io ho detto.

Et tel dans une horloge on voit chaque rouage
Virer, l'un moins rapide et l'autre davantage,
L'un à peine semblant marcher, l'autre volant :

Ainsi ces chœurs tournant avec lenteur ou presse ;
Et je pouvais au Ciel mesurer leur richesse,
Chacun allant à part ou plus vite ou plus lent.

Du plus beau de ces chœurs qui devant nous tournoie,
Je vis sortir un feu si radieux de joie
Que son éclat laissait tous autres après lui ;

Et de voler trois fois autour de Béatrice
Avec un chant divin qu'hélas, à mon caprice,
Je n'ai plus le pouvoir d'évoquer aujourd'hui.

C'est pourquoi je passe outre et n'en dis davantage.
Pour ces replis du Ciel il n'est, dans le langage
Ni le penser humain, d'assez douces couleurs.

« O notre sainte sœur dont la voix nous conjure
Avec tant de ferveur ! grâce à ton ardeur pure,
Tu le vois, je m'arrache à ces belles splendeurs ! »

A ces mots s'arrêtant, la bienheureuse flamme
Qui venait de parler ainsi, devers ma dame
Dirigea sur-le-champ son souffle fraternel.

Ed ella : O luce eterna del gran viro,
A cui Nostro Signor lasciò le chiavi,
Ch' ei portò giù di questo gaudio miro,

Tenta costui de' punti lievi e gravi,
Come ti piace, intorno della Fede,
Per la qual tu su per lo mare andavi.

S' egli ama bene, e bene spera, e crede,
Non t' è occulto, perchè 'l viso hai quivi,
Ov' ogni cosa dipinta si vede.

Ma, perchè questo regno ha fatto civi,
Per la verace fede a gloriarla,
Di lei parlare è buon ch' a lui arrivi.

Sì come il baccellier s' arma, e non parla,
Fin che 'l Maestro la quistion propone,
Per approvarla, non per terminarla,

Così m' armava io d' ogni ragione,
Mentre ch' ella dicea, per esser presto
A tal querente, e a tal professione.

Di', buon Cristiano : fatti manifesto :
Fede che è ? Ond' io levai la fronte
In quella luce, onde spirava questo.

CHANT XXIV.

Elle alors : « O divine immortelle lumière
De ce grand homme à qui notre Seigneur sur terre
Voulut léguer les clés du bonheur éternel (1)!

Sur point grave ou léger, selon qu'il te convienne,
Éprouve ce mortel touchant la Foi chrétienne
Qui t'a fait sur la mer cheminer tout debout.

S'il possède la Foi, l'Amour et l'Espérance,
Sans doute tu le sais, puisque ta clairvoyance
Plonge dans le miroir où se réfléchit tout;

Mais puisque la Foi Vraie à la sphère immortelle
Donne des citoyens, pour la gloire d'icelle
Il est bon de venir parler d'elle avec lui. »

Comme le bachelier qui prépare son thème
En silence, attendant l'énoncé du problème,
Pour l'accepter ainsi qu'il sera défini,

Tel pendant ce discours, je m'armais en silence
De tous mes arguments et m'apprêtais d'avance
Pour un tel examen fait par un tel docteur.

—« Réponds-moi, bon chrétien! ouvre-toi sans ambage!
La Foi, qu'est-ce? » A ces mots je levai le visage
Vers le feu d'où parlait mon interrogateur,

Poi mi volsi a Beatrice, e quella pronte
Sembianze femmi, perchè io spandessi
L'acqua di fuor del mio interno fonte.

La grazia che mi dà, ch'io mi confessi,
Comincia' io dall'alto primipilo,
Faccia li miei concetti essere espressi:

E seguitai: Come 'l verace stilo
Ne scrisse, padre, del tuo caro frate,
Che mise Roma teco nel buon filo,

Fede è sustanzia di cose sperate,
Ed argomento delle non parventi:
E questa pare a me sua quiditate.

Allora udii: Direttamente senti,
Se bene intendi, perchè la ripose
Tra le sustanze, e poi tra gli argomenti.

Ed io appresso: Le profonde cose,
Che mi largiscon qui la lor parvenza,
Agli occhi di laggiù son sì nascose,

Che l'esser loro v'è in sola credenza,
Sovra la qual si fonda l'alta spene:
E però di sustanzia prende intenza:

Et puis je me tournai devers ma Béatrice.
D'un signe sur-le-champ ma tendre conductrice
M'encourage à m'ouvrir en toute liberté.

«Puisque le Ciel permet que par grâce exemplaire
Je me confesse, dis-je, au grand *Primipilaire* (2),
Qu'il prête à mes pensers la force et la clarté!»

Et poursuivant: «Ainsi qu'il est écrit, mon Père,
Dans les pures leçons de ton bien-aimé frère
Qui sur le bon chemin a mis Rome avec toi,

La Foi, c'est de l'espoir la substance sensible,
L'argument tout puissant démontrant l'invisible (3):
Et c'est bien là, je crois, l'essence de la Foi.»

L'esprit me répondit: «Ton jugement est sage
Si tu comprends pourquoi la Foi dans ce langage
Prend le nom de substance, ensuite d'argument.»

Et moi je répliquai: «Les sublimes mystères
Révélés devant moi dans ces divines sphères,
Sur terre, sont aux yeux cachés profondément;

Leur existence là ne gît qu'en la Croyance,
Solide fondement de sublime espérance:
C'est en cela qu'elle est substance et prend ce nom.

E da questa credenza ci conviene
Sillogizzar senza avere altra vista:
Però intenza d' argomento tiene.

Allora udii: Se quantunque s' acquista
Giù per dottrina fosse così 'nteso,
Non v' avria luogo ingegno di sofista:

Così spirò da quell' amore acceso:
Indi soggiunse: Assai bene è trascorsa
D' esta moneta già la lega e 'l peso:

Ma dimmi se tu l' hai nella tua borsa.
Ed io: Sì, l' ho sì lucida, e sì tonda,
Che nel suo conio nulla mi s' inforsa.

Appresso uscì della luce profonda,
Che lì splendeva: Questa cara gioia,
Sovra la quale ogni virtù si fonda,

Onde ti vene? ed io: La larga ploia
Dello Spirito Santo, ch' è diffusa
In su le vecchie e 'n su le nuove cuoia,

È sillogismo, che la mi ha conchiusa
Acutamente, sì che 'n verso d' ella
Ogni dimostrazion mi pare ottusa.

Et comme sans donnée autre que la Foi même,
D'après elle on raisonne et résout tout problème,
Elle vaut argument et démonstration. »

— « Si tout ce que sur terre enseigne la science
Était compris avec autant d'intelligence,
Le sophistique esprit y mourrait sans emploi.»

Ainsi répond l'esprit sous le feu qui rayonne,
Ensuite il ajouta : « Ta monnaie est fort bonne
Et le poids et le titre en sont de bon aloi.

Mais l'as-tu dans ta bourse? en ton âme profonde?»
Et moi : « Certes je l'ai, si polie et si ronde
Que je ne puis douter de la bonté du coin. »

Ce mot sortit alors du fond de la lumière
Qui resplendissait là : « Cette divine pierre
Sur qui toute vertu s'appuie ou près ou loin,

D'où te vient-elle ? » Et moi : « La douce et large pluie
Du Saint-Esprit, le flot divin qui vivifie
Et l'ancienne Écriture et la nouvelle Loi,

Voilà quel argument m'a conduit à conclure
A la Foi, de façon si précise et si sûre
Que toute autre raison serait faible pour moi.»

Io udii poi : L' antica e la novella
Proposizione che sì ti conchiude,
Perchè l' hai tu per divina favella?

Ed io : La prova, che 'l ver mi dischiude,
Son l' opere seguite, a che natura
Non scaldò ferro mai, nè battè ancude.

Risposto fummi : Dì, chi t' assicura
Che quell' opere fosser quel medesmo,
Che vuol provarsi? non altri il ti giura.

Se 'l mondo si rivolse al cristianesmo,
Diss' io, senza miracoli, quest' uno
È tal, che gli altri non sono 'l centesmo :

Che tu entrasti povero e digiuno
In campo a seminar la buona pianta,
Che fu già vite, ed ora è fatta pruno.

Finito questo, l' alta Corte santa
Risonò per le spere : Un Dio lodiamo
Nella melòde, che lassù si canta.

E quel Baron, che sì di ramo in ramo
Esaminando, già tratto m' avea,
Che all' ultime fronde appressavamo,

Et l'âme encor : « Pourquoi cette ancienne Écriture
Et l'autre, qui t'ont fait de la sorte conclure,
Pourquoi les regarder comme des voix du Ciel? »

Et moi : « Pour mon esprit la preuve se résume
Dans les œuvres qu'on vit suivre : sur son enclume
La nature jamais n'a rien forgé de tel. »

Et l'esprit insistant : « Mais, dis-moi, qui t'assure
Que ces prodiges-là furent? Qui te le jure?
Un livre, qui lui-même a besoin de garant. »

« Si le monde où règnait, dis-je, le paganisme,
Sans miracle, avait pu tourner au christianisme,
Ce serait un miracle entre tous le plus grand.

Car tu vins dans le champ, à jeun, dans l'indigence,
Quand ta main y jeta cette bonne semence
Qui fut vigne autrefois et n'est plus que chardon. »

Comme je finissais, la Cour sublime et sainte
Entonne un *Louons Dieu* dans la céleste enceinte,
Avec ces doux accents qui du Ciel sont le don,

Et le seigneur baron (4), le confesseur sublime,
Qui dans cet examen déjà, de cime en cime,
Avec lui m'entraînait au sommet le plus haut,

Ricominciò: La grazia, che donnéa
Con la tua mente, la bocca t' aperse
Insino a qui, com' aprir si dovea;

Sì ch' io appruovo ciò, che fuori emerse:
Ma or convien esprimer quel, che credi,
E onde alla credenza tua s' offerse.

O santo padre, e spirito, che vedi
Ciò che credesti, sì che tu vincesti
Ver lo sepolcro più giovani piedi,

Comincia' io: Tu vuoi ch' io manifesti
La forma qui del pronto creder mio,
Ed anche la cagion di lui chiedesti.

Ed io rispondo: Io credo in uno Dio
Solo ed eterno, che tutto 'l Ciel muove
Non moto, con amore e con disio:

Ed a tal creder non ho io pur pruove
Fisice e metafisice, ma dalmi
Anche la verità che quinci piove

Per Moisè, per profeti, e per salmi,
Per l' evangelio, e per voi, che scriveste,
Poichè l' ardente spirto vi fece almi;

CHANT XXIV.

Recommence en ces mots : « la Grâce qui te touche
Et qui remplit ton cœur, a parlé par ta bouche :
Tu m'as jusqu'à présent répondu comme il faut.

Ainsi de tes répons j'approuve la substance,
Mais exprime à présent l'objet de ta croyance
Et dis ce qui l'a fait s'imposer à ton cœur. »

— « Saint Père, ô pur esprit qui dans le Ciel auguste
Vois confirmer la Foi dans ton cœur si robuste,
Que tu devanças Jean au tombeau du Sauveur (5) !

Commencé-je, tu veux, sous sa forme précise,
Que je déclare ici ma Foi, puis, que je dise
Comment dans mon esprit a pénétré le jour.

Et je réponds : Je crois en un seul Dieu, suprême,
Éternel, et qui meut, immuable lui-même,
Ses vastes Cieux avec le désir et l'amour.

A l'appui de ma Foi j'ai d'abord la logique,
Les raisons de nature et de métaphysique,
Puis cette vérité qui descendit d'ici

Par Moïse, par les Psaumes, par les Prophètes,
Par l'Évangile et vos écrits, âmes parfaites,
Lorsque le Saint-Esprit vous inspirait aussi.

E credo in tre persone eterne, e queste
Credo una essenza sì una, e sì trina,
Che soffera congiunto sono et este.

Della profonda condizion divina,
Ch' io tocco mo, la mente mi sigilla
Più volte l' evangelica dottrina.

Quest' è 'l principio: quest' è la favilla,
Che si dilata in fiamma poi vivace,
E, come stella in Cielo, in me scintilla.

Come il signor, ch' ascolta quel che piace,
Da indi abbraccia 'l servo, gratulando
Per la novella, tosto ch' ei si tace;

Così benedicendomi cantando,
Tre volte cinse me, sì com' io tacqui,
L' apostolico lume, al cui comando

Io avea detto; sì nel dir gli piacqui.

CHANT XXIV

Je crois de même en trois personnes éternelles,
Et je crois qu'une essence une et triple est en elles,
Et qu'on en peut dire *est* et *sont* également.

Ce qu'à mots brefs j'exprime ici, cette doctrine
Qui touche aux profondeurs de l'essence divine,
J'en ai trouvé les traits dans le Saint Testament.

C'est le commencement, l'étincelle première
Qui se dilate ensuite en plus vive lumière
Et resplendit en moi comme une étoile aux Cieux. »

Comme un maître apprenant ce qu'il lui plaît d'apprendre
Donne à son serviteur une accolade tendre,
En le congratulant de son message heureux,

Ainsi quand j'eus fini, trois fois, pleine de joie,
Chantant, me bénissant, autour de moi tournoie
La splendeur de l'apôtre à qui, comme il voulut,

Je venais de parler, tant mon dire lui plut.

NOTES DU CHANT XXIV.

(1) Saint Pierre.

(2) Le premier centurion de l'armée romaine s'appelait *Primipilus prior* (le premier de ceux qui portent le javelot). Dante donne à saint Pierre cette appellation honorifique.

(3) Traduction des paroles de saint Paul : « *Est fides sperandarum substantia rerum ; argumentum non apparentium.*

(4) Ici saint Pierre reçoit le nom de Baron, conformément au style du temps. Au moyen-âge on donnait volontiers aux saints qui composent la cour céleste, les titres en usage dans la cour des rois terrestres.

(5) Tu devanças des *pieds plus jeunes*, dit le texte. Saint Pierre et saint Jean avertis par Marie-Madeleine que le sépulcre était vide, y coururent ensemble. Jean qui était plus jeune, devança Pierre (Évangile selon saint Jean, XX). Il semble donc au premier abord que Dante se trompe ici. Mais l'Évangile ajoute que Pierre, arrivé le second, entra le premier dans le sépulcre. Les commentateurs s'évertuent donc sur ce passage sans motif et sans excuse.

ARGUMENT DU CHANT XXV.

L'apôtre saint Jacques examine le poëte sur l'Espérance. Il lui fait trois questions. Béatrice intervient pour l'une et Dante répond aux deux autres. Saint Jean l'Évangéliste s'avance vers saint Jacques et saint Pierre. Dante cherchant l'ombre du corps de cet apôtre qui, suivant une opinion répandue, était monté au Ciel avec son corps et son âme; saint Jean le détrompe et lui fait savoir que le Christ et Marie ont pu seuls monter avec leur corps dans le Ciel.

CANTO VENTESIMO QUINTO.

Se mai continga che 'l poema sacro,
Al quale ha posto mano e Cielo e Terra,
Sì che m' ha fatto per più anni macro,

Vinca la crudeltà, che fuor mi serra
Del bello ovile, ov' io dormii agnello
Nimico a' lupi che gli danno guerra;

Con altra voce omai, con altro vello
Ritornerò poeta, ed in sul fonte
Del mio battesmo prenderò 'l cappello:

Perocchè nella Fede, che fa conte
L' anime a Dio, quiv' entra' io, e poi
Pietro per lei sì mi girò la fronte.

CHANT VINGT-CINQUIÈME.

S'il arrive jamais que ce poëme austère
Auquel ont mis la main et le ciel et la terre,
Et qui m'a fait maigrir durant de si longs ans,

Désarme la fureur cruelle qui m'exile
Du beau bercail où je dormis, agneau tranquille,
Sans autres ennemis que les loups dévorants;

Avec une autre voix, alors, une autre laine,
Je rentrerai poëte, et là, sur la fontaine
Où je fus baptisé je ceindrai le laurier.

Car c'est là que j'entrai dans la Foi, par qui l'âme
A Dieu se fait connaître, et pour qui tout en flamme
Pierre autour de mon front venait de tournoyer.

Indi si mosse un lume verso noi
Di quella schiera, ond' uscì la primizia,
Che lasciò Cristo de' vicari suoi.

E la mia donna piena di letizia,
Mi disse: Mira, mira, ecco 'l Barone,
Per cui laggiù si visita Galizia,

Sì come quando il colombo si pone
Presso al compagno, l' uno e l' altro pande,
Girando e mormorando, l' affezione;

Così vid' io l' un dall' altro grande
Principe glorioso essere accolto,
Laudando il cibo, che lassù si prande.

Ma poi che 'l gratular si fu assolto,
Tacito, *coram me*, ciascun s' affisse,
Ignito sì, che vinceva 'l mio volto,

Ridendo allora Beatrice disse:
Inclita Vita, per cui l' allegrezza
Della nostra basilica si scrisse,

Fa risuonar la Speme in quest' altezza:
Tu sai che tante volte la figuri,
Quando Jesù a' tre fe' più chiarezza

— Alors se détacha vers nous une lumière
Hors des rangs qui déjà s'étaient ouverts pour Pierre,
Vicaire élu du Christ et le premier de tous.

Et ma Dame, les yeux tout remplis d'allégresse,
Me dit: « Vois donc vers nous ce Seigneur qui s'empresse:
C'est celui qu'en Gallice on visite chez vous (1). »

Quand près de son ramier se pose la colombe,
L'une pour l'autre on voit chaque tendre palombe
Tournant et roucoulant déployer son amour:

Ainsi je vis le grand et glorieux apôtre
Échanger un accueil plein de grâce avec l'autre,
En chantant les doux mets du céleste séjour.

La salutation courtoise étant finie,
Coram me se posa chaque flamme bénie
En silence, aveuglant mes yeux de ses rayons.

Alors en souriant parle ainsi Béatrice:
« Ame illustre par qui fut décrit le délice
De cette basilique où nous resplendissons (2),

Sur ces saintes hauteurs fais sonner l'Espérance,
Toi qui la figurais dans chaque circonstance
Où Jésus se montrait à ses trois préférés (3)!

Leva la testa. e fa che t' assicuri :
Che ciò che vien quassù dal mortal mondo,
Convien ch' a' nostri raggi si maturi.

Questo conforto del fuoco secondo
Mi venne : ond' io levai gli occhi a' monti,
Che gl' incurvaron pria col troppo pondo.

Poichè per grazia vuol, che tu t' affronti
Lo nostro Imperadore, anzi la morte,
Nell' aula più segreta, co' suoi Conti,

Sì che veduto 'l ver di questa Corte,
La Speme che laggiù bene innamora,
In te ed in altrui di ciò conforte :

Di' quel che ell' è, e come se ne 'nfiora
La mente tua, e di' onde a te venne :
Così seguio 'l secondo lume ancora.

E quella pia, che guidò le penne
Delle mie ali a così alto volo,
Alla risposta così mi prevenne :

La chiesa militante alcun figliuolo
Non ha, con più speranza, com' è scritto
Nel Sol che raggia tutto nostro stuolo :

CHANT XXV.

Lève la tête, et que ton âme se rassure !
Ce qui dans ces hauts lieux vient de la terre impure
Doit mûrir près de nous, sous nos rayons sacrés. »

Du second feu me vint cette voix conseillère,
Lors je levai les yeux vers ces monts de lumière
Dont je n'avais d'abord pu souffrir les assauts :

« Puisque notre Empereur par sa grâce sublime
T'admet, avant la mort, jusqu'en sa cour intime
Et te met en présence avec ses grands vassaux,

Pour que la vision de cette cour suprême
Dans autrui fortifie, ainsi que dans toi-même,
L'Espérance qui vous enflamme pour le bien,

Dis ce qu'est l'Espérance et d'où vient ce dictame ?
Et fleurit-elle bien dans le fond de ton âme ? »
Ainsi continua le second feu divin.

Et cette femme pie, et dont le tendre zèle
Pour un vol aussi haut avait guidé mon aile,
Devança ma réponse et répartit ainsi :

« L'Église militante, en son immense empire,
(Le soleil qui sur nous brille peut vous le dire)
N'a pas un fils de plus d'espérance rempli ;

Però gli è conceduto, che d' Egitto
Vegna in Gerusalemme per vedere,
Anzi che 'l militar gli sia prescritto.

Gli altri duo punti, che non per sapere
Son dimandati, ma perch' ei rapporti,
Quanto questa virtù t' è in piacere,

A lui lasc' io : chè non gli saran forti,
Nè di iattanzia : ed elli a ciò risponda,
E la grazia di Dio ciò gli comporti.

Come discente, ch' a dottor seconda
Pronto e libente in quel ch' egli è esperto,
Perchè la sua bontà si disasconda :

Speme, diss' io, è uno attender certo
Della gloria futura, il qual produce
Grazia divina e precedente merto :

Da molte stelle mi vien questa luce :
Ma quei la distillò nel mio cor pria,
Che fu sommo cantor del sommo duce.

Sperino in te, nella sua Teodia,
Dice, color, che sanno 'l nome tuo :
E chi nol sa, s' egli ha la Fede mia?

CHANT XXV. 131

C'est pourquoi Dieu permet qu'à la terre égyptienne
Il échappe, et qu'il entre en la Sion chrétienne
Avant d'être sorti de son combat mortel.

Sur les deux autres points ta science est complète.
Tu l'as interrogé sur eux pour qu'il répète
Combien cette vertu te plaît encor au Ciel.

Je les lui laisse donc ; car il pourra sans peine
A ton gré les résoudre, et sans jactance vaine (4),
Avec l'aide de Dieu qu'il réponde à cela : »

Comme sur un terrain qu'il est sûr de connaître,
Le disciple empressé suit les pas de son maître,
Bienheureux de montrer tout le savoir qu'il a :

« L'Espérance, c'est, dis-je, une attente certaine
De la gloire future ; elle a double fontaine :
Un passé méritoire et la Grâce du Ciel.

Plus d'une étoile allume en moi cette lumière :
Celle qui dans mon cœur la versa la première,
C'est le chantre royal du monarque éternel (5).

Celui-là qui disait dans ses Psaumes : ô Père,
Quiconque sait ton nom, qu'en ta grâce il espère !
Et qui ne le connaît, ce nom, s'il a ma foi ?

Tu mi stillasti con lo stillar suo
Nella pistola poi, si ch' io son pieno,
Ed in altrui vostra pioggia riplùo.

Mentr' io diceva, dentro al vivo seno
Di quello incendio tremolava un lampo
Subito, e spesso, a guisa di baleno:

Indi spirò: L' amore, ond' io avvampo
Ancor ver la virtù, che mi seguette
Infin la palma ed all' uscir del campo,

Vuol ch' io respiri a te, che ti dilette
Di lei; ed emmi a grato, che tu diche
Quello che la Speranza ti promette.

Ed io: Le nuove e le Scritture antiche
Pongono il segno, ed esso lo m' addita,
Dell' anime che Dio s' ha fatte amiche.

Dice Isaia, che ciascuna vestita
Nella sua terra fia di doppia vesta,
E la sua terra è questa dolce vita.

E 'l tuo fratello assai vie più digesta,
Là, dove tratta delle bianche stole,
Questa rivelazion ci manifesta.

Tu mêlas ta rosée à cette douce pluie
Dans ta fameuse épître, et mon âme remplie
Fait repleuvoir vos eaux en pluie autour de soi. »

Tandis que je parlais dans le sein de cette âme
Qui m'écoutait brûlante, une soudaine flamme
Scintilla coup sur coup, comme fait un éclair,

Et dit : « Cette vertu que rien ne peut détruire
Dont l'amour me suivit partout jusqu'au martyre,
Et jusques au sortir des combats de la chair,

Elle m'attire à toi qui te délectes d'elle ;
Ainsi réponds encor, dis-moi, toi, son fidèle,
Les trésors que promet l'Espérance à ton cœur ! »

Et moi : « Les livres saints, l'Évangile et la Bible
Ont indiqué le signe (or il est là visible),
De ceux qui se sont fait les amis du Seigneur.

Chacun de ces élus sera, dit Isaïe,
D'un double vêtement couvert dans sa patrie ;
Et sa patrie est là, dans ce divin séjour.

Et ton frère, de même, en plus claires paroles,
Quand il a discouru sur les blanches étoles (6),
Nous a développé ce mystère à son tour. »

E prima, presso 'l fin d' este parole,
Sperent in te, di sopra noi s' udì,
A che risposer tutte le carole:

Poscia tra esse un lume si schiarì,
Sì che, se 'l Cancro avesse un tal cristallo,
Il verno avrebbe un mese d' un sol dì.

E come surge, e va, ed entra in ballo
Vergine lieta, sol per fare onore
Alla novizia, non per alcun fallo,

Così vid' io lo schiarato splendore
Venire a' due, che si volgeano a ruota,
Qual conveniasi al loro ardente amore.

Misesi lì nel canto e nella nota:
E la mia Donna in lor tenne l' aspetto,
Pur come sposa tacita ed immota.

Questi è colui, che giacque sopra 'l petto
Del nostro Pellicano, e questi fue
Di su la croce al grande uficio eletto:

La Donna mia così, nè però piùe
Mosse la vista sua da stare attenta
Poscia che prima alle parole sue.

Comme je finissais, l'hymne du Roi-Prophète
Sperent in te résonne au-dessus de ma tête,
Tous les chœurs répondant à cet hymne d'amour.

Ensuite au milieu d'eux s'allume une lumière.
Si le Cancer avait une étoile aussi claire,
L'hiver pendant un mois ne serait qu'un long jour (7).

Comme pour faire honneur à la jeune épousée,
S'avance dans le bal une vierge rosée
Et danse innocemment dans sa pure candeur,

Ainsi je vois venir la splendeur qui s'avance
Vers les deux esprits saints, tournoyant en cadence
Comme les emportait leur amoureuse ardeur.

Elle se mit soudain du chant et de la danse.
Ma Dame regardait tous les trois à distance
Et semblait l'épousée immobile et sans voix.

« Voilà le Saint qui fut pressé sur la poitrine
De notre Pélican, que sa grâce divine
A choisi pour un grand office, sur la croix ! » (8).

La nouvelle venue ainsi me fut nommée
Par ma céleste Dame. Elle dit, et charmée,
Les regardait encor après avoir parlé.

Quale è colui, ch' adocchia, e s' argomenta
Di vedere eclissar lo Sole un poco,
Che, per veder, non vedente diventa,

Tal mi fec' io a quel ultimo fuoco,
Mentrecchè detto fu: Perchè t' abbagli
Per veder cosa, che qui non ha loco?

In terra è terra il mio corpo, e saragli
Tanto con gli altri, che 'l numero nostro
Con l' eterno proposito s' agguagli.

Con le duo stole nel beato chiostro
Son le duo luci sole che saliro:
E questo opporterai nel mondo vostro.

A questa voce lo infiammato giro
Si quietò con esso 'l dolce mischio,
Che si facea del suon nel trino spiro;

Sì come, per cessar fatica o rischio,
Gli remi pria nell' acqua ripercossi,
Tutti si posano al sonar d'un fischio.

Ahi quanto nella mente mi commossi,
Quando mi volsi per veder Beatrice,
Per non poter vederla, ben ch' io fossi

Presso di lei, e nel mondo felice!

Tel celui qui, les yeux dans le Ciel, s'évertue
A suivre le soleil qui s'éclipse en la nue,
Et pour avoir voulu trop voir est aveuglé,

Tel je devins devant cette dernière flamme.
« Pourquoi donc t'épuiser, me dit enfin cette âme,
A poursuivre ce qui dans ce Ciel n'a pas lieu?

Mon corps sur terre est terre et ne peut faire d'ombre.
Il restera là-bas tant qu'enfin notre nombre
Soit égal à celui que s'est proposé Dieu.

Avec les deux habits dans l'heureux monastère
Il n'est que deux splendeurs : (redis-le sur la terre!)
Ces deux-là que tu vis monter dans les hauteurs (9). »

A ces mots s'arrêta la flamboyante ronde,
Et le cantique aussi dont la douceur profonde
Se mêlait au trio des brûlantes splendeurs.

Ainsi quand la fatigue est grande ou la tempête,
Sur un coup de sifflet incontinent s'arrête
L'aviron qui frappait sur le flot agité.

Ah! quel trouble se fit dans le fond de mon âme,
Quand regardant autour de moi pour voir ma Dame,
Je ne la revis plus, encor qu'à son côté

Je fusse, et dans le Ciel de la félicité!

NOTES DU CHANT XXV.

(1) Saint-Jacques-le-Majeur appelé aussi de Compostelle. Son tombeau se trouvait, dit-on, dans cette ville de la Galice visitée de fort loin par la piété des fidèles.

(2) Allusion à l'épître *aux douze tribus* que Dante, par erreur, attribue à Saint-Jacques-de-Compostelle. Elle est reconnue aujourd'hui pour être de Saint-Jacques-le-Mineur.

(3) Jésus-Christ voulut avoir ses trois disciples préférés, Pierre, Jacques et Jean, pour seuls témoins de ses plus grands prodiges. Dante suppose ici, avec plusieurs interprètes de l'Écriture, que ce fut pour relever la grandeur des trois vertus théologales : saint Pierre figurait la Foi, saint Jean l'Espérance et saint Jacques la Charité.

(4) Pour celle-ci il eût été obligé de se vanter, si Béatrice n'avait répondu pour lui et sauvé sa modestie.

(5) David.

(6) *Stantes ante thronum Agni amicti stolis albis.* (Apocalypse de saint Jean, cap. VII).

(7) C'est-à-dire que, si la constellation du Cancer avait une étoile aussi claire, il y aurait un mois d'un jour continu du 21 décembre au 21 janvier, attendu qu'alors le Cancer est sur notre hémisphère aux heures où le soleil parcourt l'hémisphère opposé.

(8) Le Pélican c'est Jésus qui, comme le pélican, donne son sang pour ses enfants. Celui qui repose sur sa poitrine c'est saint Jean auquel du haut de la croix il confia pour grand office de tenir lieu de fils à sa mère.

(9) Marie et Jésus-Christ, ces deux splendeurs que tu as vues tout à l'heure s'élever vers l'Empyrée, ont seuls pu monter au Ciel avec leur corps; tu cherches donc en vain l'ombre du mien. Un passage de l'Écriture avait pu faire croire que saint Jean y avait aussi le sien.

ARGUMENT DU CHANT XXVI.

Saint Jean examine Dante sur la troisième vertu théologale : la Charité ou l'Amour. Apparition d'Adam. Le premier homme devance les questions du poëte et y répond. Il précise le temps de sa naissance au Paradis terrestre, le vrai motif qui l'en fit exiler, le temps qu'il y a resté, et l'idiôme qu'il avait employé.

CANTO VENTESIMO SESTO.

Mentr' io dubbiava, per lo viso spento
Della fulgida fiamma, che lo spense,
Uscì uno spiro, che mi fece attento,

Dicendo: In tanto che tu ti risense
Della vista, che hai in me consunta,
Ben' è, che ragionando la compense

Comincia dunque, e di', ove s' appunta
L' anima tua, e fa ragion che sia
La vista in te smarrita e non defunta:

Perchè la Donna, che per questa dia
Region ti conduce, ha nello sguardo
La virtù ch' ebbe la man d' Anania.

CHANT VINGT-SIXIÈME.

Tandis que j'hésitais, la vue évanouie,
Du feu resplendissant qui me l'avait ravie (1)
Il sortit une voix qui me fit attentif

Et dit : « En attendant que te soit revenue
La faculté de voir à mes rayons perdue,
Que la parole au moins remplace l'œil oisif!

Commence donc et dis le but que se propose
Ton âme, et tout d'abord sache bien une chose :
Tes yeux sont obscurcis et ne sont pas éteints.

Car la Dame qui dans ce séjour de lumière
Te conduit avec elle, a dedans la paupière
La vertu qu'Ananias avait, lui, dans les mains (2). »

Io dissi: Al suo piacere e tosto e tardo
Vegna rimedio agli occhi, che fur porte,
Quand' ella entrò col fuoco, ond' io sempr' ardo.

Lo Ben, che fa contenta questa Corte,
Alfa ed Omega è di quanta scrittura
Mi legge amore o lievemente, o forte.

Quella medesma voce, che paura
Tolta m' avea del subito abbarbaglio,
Di ragionare ancor mi mise in cura:

E disse: Certo a più angusto vaglio
Ti conviene schiarar: dicer convienti,
Chi drizzò l' arco tuo a tal berzaglio.

Ed io: Per filosofici argomenti,
E per autorità che quinci scende,
Cotale amor convien, che 'n me s' imprenti:

Chè 'l bene, in quanto ben, come s' intende,
Così accende amore, e tanto maggio,
Quanto più di bontate in sè comprende.

Dunque all' essenza, ov' è tanto avvantaggio,
Che ciascun ben, che fuor di lei si truova,
Altro non è che di suo lume un raggio,

Je dis : « Qu'à son plaisir tôt ou tard vienne d'elle
Un remède à mes yeux, la porte par laquelle
Elle entra dans mon cœur pour n'en sortir jamais!

Le Bien dont cette cour immortelle s'enivre
Est l'alpha, poursuivis-je, et l'oméga du livre
Qu'imprime en moi l'amour à grands ou faibles traits. »

Cette voix qui venait de détruire la crainte
Que ma vue éblouie à jamais fût éteinte,
Me mettant en devoir de lui répondre encor :

« Par un tamis plus fin il faut passer, dit-elle,
Afin d'être plus clair. Continue et révèle
Ce qui vers ce grand Bien dirige ton essor! »

Et moi : « Les arguments de la philosophie,
L'autorité des voix que le Ciel sanctifie (3),
Ont gravé dans mon cœur cet amour tout chrétien.

Le bien, en tant que bien, dès que le perçoit l'âme,
Y fait naître l'amour, un amour dont la flamme
A d'autant plus d'ardeur que plus grand est le bien.

Donc s'il existe un être ayant telle excellence,
Que tout bien qui réside ailleurs qu'en son essence
De sa perfection n'est qu'un rayonnement,

Più che in altra convien, che si muova
La mente, amando, di ciascun, che cerne
Lo vero, in che si fonda questa pruova.

Tal vero allo 'ntelletto mio sterne
Colui, che mi dimostra 'l primo amore
Di tutte le sustanze sempiterne.

Sternel la voce del verace Autore,
Che dice a Moisè, di sè parlando:
Io ti farò vedere ogni valore.

Sternilmi tu ancora, incominciando
L' alto preconio, che grida l' arcano
Di qui laggiù, sovra ogni alto bando.

Ed io udii: Per intelletto umano,
E per autoritade, a lui concorde,
De' tuoi amori a Dio guarda 'l sovrano.

Ma di' ancor se tu senti altre corde
Tirarti verso lui, sì che tu suone,
Con quanti denti questo amor ti morde.

Non fu latente la santa invenzione
Dell' aguglia di Cristo, anzi m' accorsi,
Ove menar volea mia professione:

CHANT XXVI.

Il faut bien que l'amour se tourne vers cet être
Par dessus tout, sitôt que l'esprit peut connaître
La vérité sur qui j'assieds cet argument (4).

Or, cette vérité, pour moi je la rencontre,
Claire pour mon esprit, dans celui qui démontre
Quel est l'amour premier de tout être immortel (5).

Le véridique Auteur me l'a de même apprise,
Qui disait de lui-même en parlant à Moïse :
Je veux te faire voir tout bien substantiel (6).

Toi-même tu me l'as apprise, ô saint apôtre!
Au début de ton livre, et, plus haut que tout autre,
Sur terre tu crias l'arcane du haut lieu. (7) »

Alors j'ouïs : « De par la raison naturelle,
Et par l'autorité qui concorde avec elle,
Garde le plus ardent de tes amours pour Dieu!

Mais dis-moi si tu sens encore dans ton âme
D'autres cordes vers lui t'attirer, et proclame
Les dents de cet amour qui te mord pour le bien! »

Je compris sur-le-champ l'intention céleste
Du grand aigle de Christ, et devinai de reste
Sur quels points il voulait conduire l'examen.

9

Però ricominciai: Tutti quei morsi,
Che posson far lo cuor volgere a Dio,
Alla mia caritate son concorsi:

Chè l'esser del mondo, e l'esser mio,
La morte, ch'el sostenne perch'io viva,
E quel che spera ogni fedel, com'io,

Con la predetta conoscenza viva
Tratto m'hanno del mar dell'amor torto,
E del diritto m'han posto alla riva.

Le fronde, onde s'infronda tutto l'orto
Dell'Ortolano eterno, am'io cotanto,
Quanto da lui a lor di bene è porto.

Sì com'io tacqui, un dolcissimo canto
Risonò per lo Cielo, e la mia Donna
Dicea con gli altri: Santo, Santo, Santo.

E come al lume acuto si disonna
Per lo spirto visivo che ricorre
Allo splendor, che va di gonna in gonna,

E lo svegliato ciò, che vede abborre,
Sì nescia è la sua subita vigilia,
Fin che la stimativa nol soccorre;

Je recommençai donc et dis : « Nulle morsure
Qui peut faire vers Dieu tourner la créature
N'a pour la charité fait défaut à ma foi.

L'existence du monde et ma propre existence,
La mort que Dieu souffrit pour sauver ma substance,
L'espérance que tout fidèle a comme moi,

Et du bien que j'ai dit l'intelligence vive,
M'ont conduit sain et sauf jusqu'à la bonne rive
Et retiré des flots de l'amour faux et vain.

J'aime toutes les fleurs dont fleurit le parterre
Du divin jardinier, et chacune m'est chère
Selon qu'elle réflète ou plus ou moins sa main. »

Je me tus : aussitôt dans tout le Ciel résonne
Un ineffable chant auquel se joint ma Donne.
Saint ! Saint ! Saint ! répétaient les voix de toutes parts.

Comme on s'éveille au dard d'une vive lumière,
La puissance de voir ouvrant notre paupière
Au jour qui de nos yeux va perçant les remparts,

Et d'abord on regarde avec inquiétude,
Tant ce réveil subit est plein d'incertitude,
Jusqu'à ce que l'esprit vienne en aide aux regards :

Così degli occhi miei ogni quisquilia
Fugò Beatrice col raggio de' suoi,
Che rifulgeva più di mille milia:

Onde me' che dinanzi vidi poi,
E quasi stupefatto dimandai
D' un quarto lume, ch' io vidi con noi.

E la mia Donna: Dietro da quei rai
Vagheggia il suo Fattor l' anima prima,
Che la prima Virtù creasse mai.

Come la fronda, che flette la cima
Nel transito del vento, e poi si leva
Per la propria virtù, che la sublima,

Fec' io in tanto, in quanto ella diceva,
Stupendo, e poi mi rifece sicuro
Un disio di parlare ond' io ardeva:

E cominciai: O pomo, che maturo
Solo prodotto fosti, o padre antico,
A cui ciascuna sposa è figlia e nuro,

Devoto, quanto posso, a te supplico,
Perchè mi parli: tu vedi mia voglia;
E, per udirti tosto, non la dico.

Ainsi sous les rayons de ses yeux immobiles,
De ses yeux qui brillaient à plus de mille milles,
Béatrice des miens dissipa les brouillards.

Et sur ce, voyant mieux que jamais, à ma Dame
Je m'enquis, étonné, d'une nouvelle flamme,
D'un quatrième feu que j'avais aperçu.

Et ma Dame me dit : « Dedans cette lumière
Contemple avec amour son Dieu l'âme première
Que créa sous le Ciel la première Vertu. »

Comme au souffle du vent la cime du feuillage
Se courbe, et, quand le vent est passé, le branchage
Se redresse dans l'air tout naturellement :

Tandis qu'elle parlait, tel, avec révérence,
Je m'inclinais, et puis me rendit l'assurance
Un désir de parler dont j'ardais vivement :

« O notre premier Père ! (en ces mots je commence)
O le seul fruit que Dieu fit mûr à sa naissance,
Dont toute épouse est fille et la femme d'un fils,

Aussi dévotement que je puis je t'en prie,
Parle-moi ! Tu vois bien dans mon cœur mon envie,
Et, pour t'ouïr plus tôt parler, je ne la dis. »

Tal volta un animal coverto broglia
Sì, che l' affetto convien, che si paia,
Per lo seguir, che face a lui la 'nvoglia:

E similmente l' anima primaia
Mi facea trasparer per la coverta,
Quant' ella a compiacermi venia gaia.

Indi spirò: Senz' essermi profferta
Da te la voglia tua, discerno meglio,
Che tu, qualunque cosa t' è più certa:

Perch' io la veggio nel verace speglio,
Che fa di sè pareglio all' altre cose,
E nulla face lui di sè pareglio.

Tu vuoi udir quant' è che Dio mi pose
Nell' eccelso giardino, ove costei
A così lunga scala ti dispose,

E quanto fu diletto agli occhi miei,
La propria cagion del gran disdegno,
E l' idioma, ch' io usai e fei.

Or, figliuol mio, non il gustar del legno
Fu per sè la cagion di tanto esilio,
Ma solamente il trapassar del segno.

Parfois un animal couvert d'une pelisse,
Aux ondulations du manteau qui se plisse
Trahit les mouvements qui soulèvent son cœur :

A mon regard ainsi laissa l'âme première
Transparaître à travers son manteau de lumière
Combien à me complaire elle mettait d'ardeur,

Et me dit : « Je n'ai pas besoin que tu m'exposes
Ton désir : je le vois, et mieux que toi, les choses
Que tu connais le mieux et que tu sais très-bien,

Parce que je le vois au miroir infaillible,
Dans le divin miroir en qui tout est visible,
Qui réfléchissant tout, n'est réfléchi par rien.

Tu veux savoir quand Dieu me donna pour patrie
Le sublime jardin d'où ta Dame chérie
T'a fait monter léger jusqu'en ces hauts parvis ;

Combien de temps mes yeux ont goûté ce délice,
A quel motif j'ai dû si terrible justice,
La langue dont je fus l'auteur et me servis ?

Or, mon fils, ce n'est pas d'avoir goûté la pomme
Qui fut mal et causa l'amer exil de l'homme,
Mais d'avoir transgressé l'ordre signé de Dieu.

Quindi, onde mosse tua Donna Virgilio,
Quattromila trecento e duo volumi
Di Sol desiderai questo concilio;

E vidi lui tornare a tutti i lumi
Della sua strada novecento trenta
Fiate, mentre ch' io in terra fùmi.

La lingua, ch' io parlai, fu tutta spenta,
Innanzi che all' ovra inconsumabile
Fosse la gente di Nembrotte attenta:

Chè nullo affetto mai raziocinabile,
Per lo piacere uman, che rinnovella,
Seguendo 'l Cielo, sempre fu durabile.

Opera naturale è, ch' uom favella:
Ma così, o così, natura lascia
Poi fare a voi, secondo che v' abbella.

Pria ch' io scendessi alla 'nfernale ambascia,
UN s' appellava in terra il sommo Bene,
Onde vien la letizia, che mi fascia:

ELI si chiamò poi: e ciò conviene:
Che l' uso de' mortali è come fronda
In ramo, che sen' va, ed altra viene.

Aux Limbes où ta Dame émut pour toi Virgile,
Pendant trois cent deux ans accrus de quatre mille,
J'ai soupiré, mon fils, après ce divin lieu (8),

Et neuf cent trente fois, pendant que sur la terre
J'habitais exilé, des orbes de lumière
Qu'il traverse en chemin le soleil fit le tour.

Devant que de Nembrod la race abominable
Eût commencé la tour qui fut interminable,
Mon idiôme avait disparu sans retour.

Il n'est aucun effet de l'humaine sagesse,
Si durable qu'il soit, qui tôt ou tard ne cesse,
Car le caprice humain suit les influx des Cieux.

La parole est dans l'homme œuvre de la nature;
Mais quant à l'idiôme, elle n'en a point cure,
Et vous laisse inventer ce qui vous plaît le mieux.

Avant que m'eût reçu la Limbe triste et blême,
On donnait le nom d'UN sur terre au Dieu suprême
D'où vient le feu joyeux qui m'enveloppe ici.

Puis son nom fut ÉLI. Des humains c'est l'usage;
Car les us des mortels sont comme le feuillage:
A peine tombe l'un, qu'un autre a refleuri.

Nel monte, che si leva più dall' onda,
Fu' io con vita pura e disonesta
Dalla prim' ora a quella ch' è seconda,

Come' 'l Sol muta quadra all' ora sesta.

Sur le mont le plus haut élevé dessus l'onde
Je vécus pur, et puis impur perdis le monde,
Entre la première heure et la septième, quand

Déjà le Jour décline et change de quadrant (9).

NOTES DU CHANT XXVI.

(1) De saint Jean, l'auteur trop éblouissant de l'Apocalypse.

(2) Ananias rendit la vue à saint Paul sur le chemin de Damas par l'apposition des mains. Saint Jean promet à Dante qu'il trouvera un remède aussi efficace dans les yeux de Béatrice.

(3) La révélation par les prophètes.

(4) C'est-à-dire, quel est ce bien suprême.

(5) Le maître Aristote ou peut-être Platon.

(6) Dieu disant à Moïse : « *Ecce ostendam tibi omne bonum.* »

(7) Saint Jean dans son Évangile a expliqué la génération du Verbe divin.

(8) Après 930 ans d'existence, comme il va le dire, et 4302 ans passés dans les Limbes, Adam monte au Ciel racheté par le Christ, quand Jésus descendit aux Limbes après sa mort. Calcul qui se trouve d'accord avec le temps que l'on compte, d'après le comput ecclésiastique, depuis la création du monde jusqu'à la mort de Jésus-Christ.

(9) Au Paradis terrestre placé au faîte de la montagne du Purgatoire, Adam, suivant une ancienne opinion, adoptée par Dante, est donc resté sept heures, ou, comme dit le texte, « depuis la première heure du jour jusqu'à la seconde après la sixième, lorsque le soleil change de quadrant. » Le quadrant c'est le quart du cercle. Le jour étant divisé en 24 heures, après la sixième le soleil tournant dans le Ciel passe de son premier quadrant au second.

ARGUMENT DU CHANT XXVII.

Après un hymne chanté par toutes les voix du Paradis, saint Pierre, enflammé d'une pieuse indignation, jette l'anathème sur ses pervers successeurs. Ascension au neuvième Ciel ou Premier Mobile. Béatrice explique à Dante la nature de cet orbe céleste qui donne le mouvement à tous les autres et n'a au-dessus de lui que l'Empyrée.

CANTO VENTESIMO SETTIMO.

Al Padre, al Figlio, allo Spirito Santo
Cominciò gloria tutto 'l Paradiso,
Sì che m' inebbriava il dolce canto.

Ciò, ch' io vedeva, mi sembrava un riso
Dell' Universo: per che mia ebbrezza
Entrava per l' udire e per lo viso.

O gioia! o ineffabile allegrezza!
O vita intera d' amore e di pace!
O senza brama sicura ricchezza!

Dinanzi agli occhi miei le quattro face
Stavano accese, e quella, che pria venne,
Incominciò a farsi più vivace.

CHANT VINGT-SEPTIÈME.

Gloire à Dieu! Gloire au Père, au Fils, à l'Esprit! Gloire!
Ce chant remplit soudain le divin oratoire
Avec une douceur de voix qui m'enivrait.

Et ce que je voyais, impossible à décrire,
Du monde universel me semblait un sourire :
Par l'ouïe et les yeux l'ivresse me prenait.

O triomphante joie! ineffable allégresse!
Une immortalité de paix et de tendresse!
O richesse assurée et sans aucun désir!

Devant moi se tenaient Jean, Adam, Jacques, Pierre,
Flambeaux tout allumés. L'âme qui la première
Était venue, alors se mit à resplendir,

E tal nella sembianza sua divenne,
Qual diverrebbe Giove, s' egli e Marte
Fossero augelli, e cambiassersi penne.

La provedenza, che quivi comparte
Vice e uficio, nel beato coro
Silenzio posto avea da ogni parte,

Quand' io udi': Se io mi trascoloro,
Non ti maravigliar : chè, dicend' io,
Vedrai trascolorar tutti costoro.

Quegli ch' usurpa in terra il luogo mio,
Il luogo mio, il luogo mio, che vaca
Nella presenza del Figliuol di Dio,

Fatto ha del cimiterio mio cloaca
Del sangue e della puzza, onde 'l perverso,
Che cadde di quassù, laggiù si placa.

Di quel color che, per lo Sole avverso,
Nube dipinge da sera e da mane,
Vid' io allora tutto 'l Ciel cosperso.

E, come donna onesta, che permane
Di sè sicura, e, per l' altrui fallanza,
Pure ascoltando, timida si fane,

Et sous mes yeux rougit l'apostolique image.
Tel serait Jupiter s'il changeait son plumage
Contre celui de Mars, étant oiseaux tous deux (1).

La Providence qui, dans ces hauts lieux, dispense
Chaque tâche en son ordre, avait dans le silence
Fait rentrer à la fois tout le chœur bienheureux,

Lorsque j'ouïs ces mots : « Si je me transcolore,
Ne t'émerveille point; car tu verras encore
Ces esprits, moi parlant, changer tous de couleur.

Celui qui s'est assis à ma place sur terre,
A ma place, à ma place, et, pontife adultère,
Laisse vacant mon siége aux regards du Sauveur,

Fait de mon cimetière un cloaque de fange,
Un charnier plein de sang! Par lui le mauvais ange,
Tombé du haut du ciel, goûte un baume aux enfers. »

A ces mots, tel matin et soir dans les buées
Le soleil à revers empourpre les nuées,
D'une sombre rougeur les Cieux se sont couverts.

Et telle qu'une dame honnête et pour son compte
N'ayant peur de faillir, pour une autre prend honte
Et rougit au récit d'une impure action,

Così Beatrice trasmutò sembianza:
E tale eclissi credo che 'n Ciel fue,
Quando patì la suprema Possanza:

Poi procedetter le parole sue,
Con voce tanto da sè trasmutata,
Che la sembianza non si mutò piùe:

Non fu la Sposa di Cristo allevata
Del sangue mio, di Lin, di quel di Cleto,
Per essere ad acquisto d' oro usata:

Ma per acquisto d' esto viver lieto
E Sisto e Pio, Calisto, e Urbano
Sparser lo sangue dopo molto fleto.

Non fu nostra 'ntenzion, ch' a destra mano
De' nostri successor parte sedesse,
Parte dall' altra del popol Cristiano:

Nè che le chiavi che mi fur concesse,
Divenisser segnacolo in vessillo
Che contra i battezzati combattesse:

Nè ch' io fossi figura di sigillo
A' privilegi venduti e mendaci,
Ond' io sovente arrosso e disfavillo.

Telle aussi Béatrice a changé de visage ;
Et le Ciel dut sombrer sous un pareil nuage
Lorsque du Tout-Puissant il vit la Passion.

Les paroles alors se succédant, l'apôtre
Reprend, et de sa voix le ton devient tout autre,
Et, comme sa couleur, d'un feu plus sombre encor :

« Avons-nous, Clet et Lin et moi le premier Pierre,
Nourri de notre sang l'Église notre mère
Pour la faire servir à recueillir de l'or ?

Non, c'était pour gagner cette immortelle vie
Que Calixte et qu'Urbain et que Sixte et que Pie
Ont répandu leur sang après beaucoup de pleurs.

Nous n'avons pas voulu que nos successeurs fissent
Du peuple des chrétiens deux parts, et qu'ils les missent
A droite ou bien à gauche au gré de leurs fureurs !

Ni que les clefs du Ciel, que Dieu m'a confiées,
Comme un signe sanglant fussent armoriées
Sur un drapeau levé contre des baptisés !

Ni qu'on fît de mes traits des cachets sacriléges
Pour sceller un trafic de menteurs priviléges !
Que de fois j'en rougis dans mes feux embrasés !

In vesta di pastor lupi rapaci
Si veggion di quassù per tutti i paschi:
O difesa di Dio, perchè pur giaci!

Del sangue nostro Caorsini e Guaschi
S' apparecchian di bere: o buon principio,
A che vil fine convien che tu caschi!

Ma l' alta providenza, che con Scipio
Difese a Roma la gloria del mondo,
Soccorrà tosto sì com' io concipio:

E tu, figliuol, che per lo mortal pondo
Ancor giù tornerai, aprì la bocca,
E non nasconder quel, ch' io non ascondo.

Sì come di vapor gelati fiocca
In giuso l' aer nostro, quando 'l corno
Della Capra del Ciel col Sol si tocca;

In su vidi io così l' etere adorno
Farsi, e fioccar di vapor trionfanti,
Che fatto avean con noi quivi soggiorno.

Lo viso mio seguiva i suo' sembianti,
E seguì fin che 'l mezzo, per lo molto,
Gli tolse 'l trapassar del più avanti:

Sous l'habit du pasteur des loups couvrant leurs rages,
C'est ce qu'on voit d'ici dans tous les pâturages.
O Dieu, pourquoi laisser ta foudre ainsi dormir?

Gascons et Cahorsins se préparent à boire
Notre généreux sang. O début plein de gloire
A quelle triste fin dois-tu donc aboutir (2)?

Mais Dieu qui suscita, Providence féconde,
A Rome un Scipion, pour la gloire du monde,
Nous secourra bientôt, et je sais par quel bras (3).

Et toi, mon fils, qui sous le poids de la matière
Dois retourner en bas encore sur la terre,
Ce que je dis ici, là-bas tu le diras. »

Comme on voit des vapeurs en neigeuse bruine
Tomber du haut de l'air, quand la Chèvre divine
De sa corne a touché le Char brillant du Jour :

Tel, mais de bas en haut, de blancs flocons de neige
L'éther se remplissait : éblouissant cortége
Ayant fait avec nous halte en ce beau séjour.

Ils montaient, et mes yeux les suivaient dans l'espace
Jusqu'à ce qu'à la fin, me dérobant leur trace,
La distance empêcha mon regard de passer.

Onde la Donna, che mi vide asciolto
Dell' attendere in su, mi disse : Adima
Il viso, e guarda come tu se' volto.

Dall' ora, ch' io avea guardato prima,
Io vidi mosso me per tutto l' arco,
Che fa dal mezzo al fine il primo clima,

Sì ch' io vedea di là da Gade il varco
Folle d' Ulisse, e di qua presso il lito,
Nel qual si fece Europa dolce carco :

E più mi fora discoverto il sito
Di questa aiuola : ma 'l Sol procedea,
Sotto i miei piedi un segno e più partito.

La mente innamorata, che donnéa
Con la mia Donna sempre, di ridure
Ad essa gli occhi più che mai ardea.

E, se natura, o arte fe' pasture
Da pigliare occhi per aver la mente,
In carne umana, o nelle sue pinture,

Tutte adunate parrebber niente,
Ver lo piacer divin, che mi rifulse,
Quando mi volsi al suo viso ridente.

Lors ma Dame, voyant que j'avais dans la nue
Cessé de m'absorber, dit : « Abaisse ta vue
Et vois quel grand parcours tu viens de traverser. »

Depuis l'heure où j'avais regardé sur la terre,
Je m'étais avancé de tout l'arc planétaire
Qui va du méridien jusqu'au second climat (4).

Je voyais au delà de Cadix le passage
Qu'osa tenter Ulysse ; en deça, le rivage
Où fut la belle Europe un fardeau plein d'appât (5).

Et j'aurais pu plonger plus avant dans cette aire,
Mais déjà, sous mes pieds, vers un autre hémisphère,
Distant d'un Signe et plus, le soleil s'avançait.

Moi toujours tout rempli de l'amour de ma Dame
J'ardais plus que jamais dans le fond de mon âme
De ramener mes yeux sur son divin portrait.

Et si l'art a su faire, ainsi que la nature,
En chair vivante ou bien en vivante peinture,
Des appâts pour saisir notre âme par les yeux,

Ces appâts ne sont rien, réunis tous ensemble,
Près du plaisir céleste, auquel rien ne ressemble,
Qui me ravit, tourné vers son front radieux.

E la virtù, che lo sguardo m'indulse,
Del bel nido di Leda mi divelse,
E nel Ciel velocissimo m'impulse.

Le parti sue vivissime ed eccelse
Sì uniformi son, ch'io non so dire
Qual Beatrice per luogo mi scelse.

Ma ella, che vedeva il mio disire,
Incominciò ridendo tanto lieta,
Che Dio parea nel suo volto gioire:

La natura del moto, che quieta
Il mezzo, e tutto l'altro intorno muove,
Quinci comincia, come da sua meta.

E questo cielo non ha altro dove,
Che la Mente divina, in che s'accende
L'amor, che 'l volge, e la virtù, ch'ei piove.

Luce ed amor d'un cerchio lui comprende,
Sì come questo gli altri, e quel precinto
Colui che 'l cinge, solamente intende.

Non è suo moto per altro distinto:
Ma gli altri son misurati da questo,
Sì come diece da mezzo e da quinto.

CHANT XXVII.

Et la force puisée en sa prunelle douce
Du beau nid de Léda me détache et me pousse
Vers le Ciel dont le cours est le plus emporté.

Ce Ciel, il est partout uniforme en sourire,
En hauteur, en éclat, et je ne saurais dire
En quel endroit précis mon vol fut arrêté.

Mais Béatrix, voyant ce que mon cœur désire,
Commença radieuse, avec un tel sourire
Qu'il me sembla voir Dieu jouir dans son regard :

« Le mouvement comporte en la sphère céleste
Un centre fixe autour duquel tourne le reste.
Ici ce mouvement a son point de départ.

Ce Ciel autour de lui n'a pas d'autre atmosphère
Que l'intellect divin ; c'est la source première
De l'amour qui le meut, des influx qu'il transmet.

La lumière et l'amour lui font une ceinture
Comme celle qu'il fait aux autres Cieux, vêture
Que comprend seulement celui qui la lui met.

Son mouvement n'a pas de mesure en l'espace,
Mais tous les mouvements c'est lui qui les embrasse
Comme cinq, comme deux sont embrassés par dix,

E come 'l tempo tenga in cotal testo
Le sue radici, e negli altri le fronde,
Omai a te puot' esser manifesto.

O cupidigia, che i mortali affonde
Sì sotto te, che nessuno ha podere
Di ritrar gli occhi fuor delle tue onde!

Ben fiorisce negli uomini 'l volere:
Ma la pioggia continua converte
In bozzacchioni le susine vere.

Fede ed innocenzia son reperte
Solo ne' pargoletti: poi ciascuna
Pria fugge, che le guancie sien coperte.

Tale, balbuziendo ancor, digiuna,
Che poi divora con la lingua sciolta
Qualunque cibo, per qualunque luna:

E tal, balbuziendo, ama, ed ascolta
La madre sua, che con loquela intera
Disia poi di vederla sepolta.

Così si fa la pelle bianca nera
Nel primo aspetto della bella figlia
Di quel, ch' apporta mane, e lascia sera.

Et comment, dans ce Ciel, le temps tout chargé d'âge
A sa racine et dans les autres son feuillage,
Maintenant tu le dois concevoir, ô mon fils. »

O convoitise, qui sous tes fatales ondes
Engloutis l'homme, et sous des vagues si profondes
Qu'en haut ne peuvent plus remonter ses regards !

Des volontés du cœur souvent la fleur est belle,
Mais l'orage qui tombe en averse éternelle
Change la prune saine en des brugnons bâtards.

L'innocence et la Foi n'ont pour unique asile
Que les petits enfants, et l'enfant les exile
Avant que le duvet n'ombrage son menton.

On jeûne, quand la bouche est bégayante encore ;
La langue déliée, au hasard on dévore
Toute espèce de mets, et dans toute saison.

Balbutiant, on aime, on écoute sa mère,
Puis, en possession de sa voix tout entière,
C'est morte, en son linceul, qu'on souhaite la voir.

C'est ainsi que noircit la peau belle et vermeille
De la fille du Jour (6), qui, lorsqu'il se réveille,
Apporte le matin et part laissant le soir.

Tu, perchè non ti facci maraviglia,
Sappi che 'n terra non è chi governi:
Onde si svia l' umana famiglia.

Ma prima che Gennaio tutto sverni,
Per la centesma, ch' è laggiù negletta,
Ruggeran sì questi cerchi superni,

Che la fortuna, che tanto s' aspetta,
Le poppe volgerà u' son le prore,
Sì che la classe correrà diretta:

E vero frutto verrà dopo 'l fiore.

CHANT XXVII.

Et toi, pour t'expliquer un si triste mystère,
Songe que nul ne tient le gouvernail sur terre :
C'est pourquoi la famille humaine va sombrant.

Mais avant qu'en raison du chiffre qu'on néglige,
Quittant l'hiver Janvier vers l'été se dirige (7),
Le Ciel retentira d'un cri si déchirant

Que la Fortune qui laisse dormir sa roue
A la fin tournera les poupes à la proue.
Droit dans le bon chemin la flotte alors courra,

Et le bon, le vrai fruit, après la fleur viendra.

NOTES DU CHANT XXVII.

(1) Similitude assez bizarre qui dépend d'une hypothèse. La lumière de Mars est plus rouge et plus enflammée que celle de Jupiter, claire et tranquille comme les âmes justes qui l'habitent. Si donc ces deux astres étaient oiseaux et changeaient de plumage, Jupiter rougirait comme ici saint Pierre.

(2) Jean XXI qui était de Cahors, et Clément V, de Gascogne.

(3) Celui de Henri VII, ou celui du grand Can, car alors l'entreprise de Henri VII avait déjà avorté.

(4) Géographie et astronomie du vieux temps. Depuis que sur l'invitation de Béatrice (il était alors midi), il avait jeté les yeux sur le chemin parcouru (voy. chant XXII), il avait, en tournant avec la constellation des Gémeaux, passé du méridien à l'horizon occidental, et six heures s'étaient écoulées. Le climat, disent les géographes, est la partie de la terre comprise entre deux cercles parallèles à l'équateur.

(5) Le détroit de Gibraltar et les côtes de la Phénicie où Jupiter, sous la forme d'un taureau, enleva Europe.

(6) L'humanité, fille du Soleil, ou tout simplement, et par comparaison avec l'humanité, l'Aurore.

(7) A cause, dit le texte, du centième qu'on néglige de compter, c'est-à-dire du centième de jour. Conformément, sans doute, à une opinion inexacte du temps, à moins que ce ne soit ici une évaluation approximative, Dante croyait que la différence entre l'année civile et l'année solaire était d'un centième de jour. — On sait que, dans la réforme du calendrier faite par Jules César, pour que l'année civile correspondît à l'année solaire, on avait ordonné que l'année civile serait de 365 jours, et comme l'année solaire est de 365 jours et 6 heures, moins une fraction (qui n'est pas exactement un centième), pour ces 6 heures de plus qu'a l'année solaire on avait ordonné en outre que, par quatre années civiles, il y en aurait une de 366 jours, lui en donnant un de plus pour ces 6 heures qui en quatre ans font un jour (c'est là l'année bissextile ainsi nommée parce qu'on faisait tomber le jour supplémentaire sur le *sixième* jour avant les calendes de Mars que l'on *répétait*).— Dans cet arrangement on n'avait pas fait attention à la fraction que les 6 heures ont de moins. De cette négligence, il résulta à la longue un désordre dans les mois. Janvier n'était plus à sa place. Ce qui provoqua la réforme du calendrier auquel Grégoire XIII a attaché son nom en 1582.

ARGUMENT DU CHANT XXVIII.

Le poëte voit un point qui dardait la lumière la plus perçante, autour duquel tournoyaient neuf cercles, et c'était Dieu au milieu des neuf chœurs des Anges. Béatrice lui explique comment les cercles de ce monde intelligible correspondent aux sphères du monde sensible, et lui fait connaître la hiérarchie angélique. Elle se compose de trois ternaires : dans le premier les Séraphins, les Chérubins, les Trônes ; dans le second les Dominations, les Vertus, les Puissances ; dans le troisième les Principautés, les Archanges et les Anges.

CANTO VENTESIMO OTTAVO.

Poscia che 'ncontro alla vita presente
De' miseri mortali aperse 'l vero
Quella, che 'mparadisa la mia mente:

Come in ispecchio fiamma di doppiero
Vede colui, che se n' alluma dietro,
Prima che l' abbia in vista od in pensiero,

E sè rivolve, per veder se 'l vetro
Li dice 'l vero, e vede, ch' el s' accorda
Con esso, come nota con suo metro,

Così la mia memoria si ricorda,
Ch' io feci, riguardando ne' begli occhi,
Onde a pigliarmi fece Amor la corda:

CHANT VINGT-HUITIÈME.

Lorsque fut dévoilée en son jour véritable
Cette présente vie humaine et misérable,
Par la Dame qui met mon âme en Paradis;

Comme dans un miroir, quand de nous en arrière
Sans qu'on l'ait vu, ni su, s'allume une lumière,
Le feu se réflétant aux regards éblouis,

On se tourne pour voir si le verre est fidèle;
Et l'on voit qu'il s'accorde avec son vrai modèle
Comme la note avec la cadence et le vers.

Ainsi m'arriva-t-il (souvenance éternelle
M'en reste) regardant dans la belle prunelle,
Qu'Amour prit pour lacet, en me donnant ses fers.

E com' io mi rivolsi, e furon tocchi
Li miei da ciò, che pare in quel volume,
Quantunque nel suo giro ben s' adocchi,

Un punto vidi, che raggiava lume
Acuto sì, che 'l viso, ch' egli affuoca,
Chiuder conviensi per lo forte acume.

E quale stella par quinci più poca,
Parrebbe Luna locata con esso,
Come stella con stella si collòca.

Forse cotanto, quanto pare appresso,
Allon cigner la luce, che 'l dipigne,
Quando 'l vapor che 'l porta più è spesso,

Distante intorno al punto un cerchio d' igne
Si girava sì ratto, ch' avria vinto
Quel moto, che più tosto il mondo cigne:

E questo era d' un altro circuncinto,
E quel dal terzo, e 'l terzo poi dal quarto,
Dal quinto 'l quarto, e poi dal sesto il quinto.

Sovra seguiva 'l settimo sì sparto
Già di larghezza, che 'l messo di Giuno
Intero a contenerlo sarebbe arto:

Et quand, me retournant, devant moi se dévide
Ce qu'on voit apparaître en ce livre limpide,
Toutes fois qu'en son orbe on veut bien regarder (1),

Je vois un point dardant lumière si perçante,
Que l'œil, incendié par la flamme poignante,
Sous son dard trop aigu se ferme et doit céder.

La plus petite étoile et la plus effacée
Paraîtrait Lune auprès de ce point-là placée
Comme une étoile auprès d'une autre étoile au Ciel (2).

Peut-être à la distance où le hâlo couronne,
Se peignant de ses feux, le soleil qui rayonne,
Quand dans la vapeur dense éclate l'arc-en ciel,

A l'entour de ce point immobile et splendide,
Un cercle tout de feu tournoyait plus rapide
Que des orbes tournants le plus accéléré.

Ce premier cercle était encerclé d'un deuxième,
Celui-ci d'un troisième, et puis d'un quatrième ;
Un cinquième suivait d'un sixième entouré,

Puis d'un septième ayant déjà telle envergure
Qu'Iris devrait ouvrir plus large sa ceinture
Pour pouvoir l'enfermer dans son sein tout entier.

Così l' ottavo, e 'l nono : e ciascheduno
Più tardo si movea, secondo ch' era
In numero distante più dall' uno :

E quello avea la fiamma più sincera,
Cui men distava la favilla pura,
Credo perocchè più di lei s' invera.

La Donna mia, che mi vedeva in cura
Forte sospeso, disse : Da quel punto
Depende il Cielo, e tutta la Natura.

Mira quel cerchio, che più gli è congiunto,
E sappi, che 'l suo muovere è sì tosto,
Per l' affocato amore, ond' egli è punto.

Ed io a lei : Se 'l mondo fosse posto
Con l' ordine, ch' io veggio in quelle ruote,
Sazio m' avrebbe ciò, che m' è proposto,

Ma nel mondo sensibile si puote
Veder le volte tanto più divine,
Quant' elle son dal centro più remote.

Onde se 'l mio disio dee aver fine
In questo miro ed angelico templo,
Che solo amore e luce ha per confine;

CHANT XXVIII.

Un huitième venait après, puis un neuvième,
Et plus lent se mouvait chacun dans le système
Selon qu'il se trouvait plus loin du point premier.

Et celui-là jetait la plus pure lumière
Qui touchait de plus près l'étincelle première,
Étant, apparemment, d'icelle plus rempli.

Ma Dame remarquant la surprise profonde
Dont je restais frappé, me dit : « Les Cieux, le monde,
L'univers tout entier dépend de ce point-ci.

Vois, le plus près de lui, l'arc premier : quelle presse !
Et sache qu'il se meut avec tant de vitesse
Par l'effet de l'amour enflammé qui le point. »

Je dis : « Si l'on voyait dans les orbes du monde
Le même ordre qu'ici dans cette étrange ronde,
Ce qui s'offre à mes yeux ne m'étonnerait point.

Mais dans l'arrangement de ce monde sensible
Chaque sphère est d'autant plus pure, moins faillible,
Que du centre plus loin s'élargit le contour.

Si donc je dois avoir satisfaction ample
Dans ce miraculeux et séraphique temple
Qui n'est borné que par la lumière et l'amour,

Udir conviemmi ancor, come l' esemplo
E l' esemplare non vanno d' un modo :
Chè io per me indarno a ciò contemplo.

Se li tuoi diti non sono a tal nodo
Sufficienti, non è maraviglia,
Tanto per non tentare è fatto sodo!

Così la Donna mia; poi disse : Piglia
Quel, ch' io ti dicerò, se vuoi saziarti,
Ed intorno da esso t' assottiglia.

Li cerchi corporai sono ampi ed arti,
Secondo 'l più e 'l men della virtute,
Che si distende per tutte lor parti.

Maggior bontà vuol far maggior salute,
Maggior salute maggior corpo cape,
S' egli ha le parti ugualmente compiute.

Dunque costui, che tutto quanto rape
L' alto universo seco, corrisponde
Al cerchio, che più ama, e che più sape.

Per che se tu alla virtù circonde
La tua misura, non alla parvenza
Delle sustanze, che t' appaion tonde,

Il faut me dire encor la raison pour laquelle
La copie à ce point diffère du modèle,
Car j'ai beau la chercher : ne la puis découvrir.

« Pour délier ce nœud si ta main est trop frêle,
Ne t'en étonne pas : la chose est naturelle ;
Dur est le nœud, car nul n'a tenté de l'ouvrir. »

En ces mots me répond ma Dame, puis ajoute :
« Saisis bien, si tu veux être tiré de doute,
Ce que je vais te dire, et creuse-s-en le sens.

Les cercles corporels ont pour circonférence
Une largeur égale à la bonne influence
Dont la vertu s'épand en eux dans tous les sens.

D'une bonté plus grande émane plus de grâce,
Plus de grâce est au corps qui contient plus d'espace
Et dont également la grâce emplit le tour.

Doncques ce cercle-ci qui dans son cours emporte
Tout l'immense univers, concorde et se rapporte
Au cercle où sont plus grands la science et l'amour.

Par quoi, si tu veux bien appliquer ta mesure
A l'intime vertu, non pas à l'envergure
Des substances qui là t'offrent des cercles joints,

Tu vederai mirabil convenenza
Di maggio a più, e di minore a meno,
In ciascun Cielo, a sua intelligenza.

Come rimane splendido e sereno
L' emisperio dell' aere, quando soffia
Borea da quella guancia, ond' è più leno;

Perchè si purga, e risolve la roffia,
Che pria turbava, sì che 'l Ciel ne ride,
Con le bellezze d' ogni sua parroffia;

Così fec' io poi che mi provvide
La Donna mia del suo risponder chiaro,
E come stella in Cielo il ver si vide.

E poi che le parole sue restaro,
Non altrimenti ferro disfavilla,
Che bolle, come i cerchi sfavillaro.

Lo 'ncendio lor seguiva ogni scintilla:
Ed eran tante, che 'l numero loro,
Più che 'l doppiar degli scacchi s' immilla.

Io sentiva osannar di coro in coro
Al punto fisso, che gli tiene all' *ubi*,
E terrà sempre, nel qual sempre fôro:

Entre chacun des Cieux et son intelligence
Tu verras une étrange et belle concordance
Qui va du plus au plus, comme du moins au moins (4). »

Ainsi que l'horizon au loin se rassérène
Pur et splendide, quand, de sa plus douce haleine,
Borée, enflant sa joue, a soufflé dans les airs,

Chassant et dissipant les vapeurs nuageuses
Qui troublaient la clarté des voûtes radieuses,
Et le Ciel reparaît riant sur l'univers :

Tel devins-je, lorsque mon guide tutélaire
M'eut fait, chassant ma nuit, cette réponse claire,
Et le vrai luit pour moi comme une étoile au Ciel.

Et lorsqu'eut achevé de me parler ma Dame,
Comme le fer bouillant pétille dans la flamme,
De même étincela chaque cercle éternel.

Et chaque éclair faisait au cercle un incendie ;
Et le nombre passait, allant à l'infinie,
Le chiffre qu'en doublant produirait l'échiquier (5).

J'entendais l'Hosannah qui montait dans l'espace,
De chœur en chœur au Point qui les tient à leur place
Depuis le premier jour jusques au jour dernier.

E quella, che vedeva i pensier dubi
Nella mia mente, disse: I cerchi primi
T' hanno mostrato i Serafi ei Cherùbi.

Così veloci seguono i suoi vimi,
Per simigliarsi al punto, quanto ponno,
E posson, quanto a veder son sublimi.

Quegli altri Amor, che dintorno gli vonno,
Si chiaman Troni del divino aspetto,
Perchè 'l primo ternaro terminonno.

E dèi saver, che tutti hanno diletto,
Quanto la sua veduta si profonda
Nel Vero, in che si queta ogni intelletto.

Quinci si può veder, come si fonda
L' esser beato nell' atto, che vede,
Non in quel ch' ama, che poscia seconda:

E del vedere è misura mercede,
Che grazia partorisce e buona voglia;
Così di grado in grado si procede.

L' altro ternaro, che così germoglia
In questa Primavera sempiterna,
Che notturno Ariete non dispoglia,

Et celle qui voyait les doutes de mon âme,
Me dit : « Dans les premiers de ces cercles de flamme
Séraphins à tes yeux et Chérubins ont lui.

Et, dans leur orbe saint, rapides ils se meuvent
Afin de ressembler au Point autant qu'ils peuvent,
Le pouvant d'autant plus qu'ils montent plus vers lui.

Et les anges tournant autour de ces deux zônes
Trônes sont appelés, ils sont de Dieu les trônes,
Et le premier ternaire est par eux circonscrit.

Et, tu dois le savoir, tous, plus ou moins de joie
Les inonde, selon que leur regard se noie
Plus ou moins dans le Vrai, repos de tout esprit.

D'où l'on peut reconnaître avec exactitude
Que dans la vision est la béatitude
Plutôt que dans l'amour qui ne vient, lui, qu'après.

Et cette vision se mesure au mérite,
OEuvre du bon vouloir qui de grâce profite.
C'est ainsi que l'on va de degrés en degrés.

Le ternaire suivant, qui germe et qui bouillonne
Dans l'éternel printemps dont ce beau Ciel rayonne
Et que ne glace point le nocturne Bélier (6),

Perpetualemente Osanna sverna
Con tre melóde, che suonano in tree
Ordini di letizia, onde s'interna.

In essa gerarchia son le tre Dee,
Prima Dominazioni, e poi Virtudi:
L'ordine terzo di Podestadi ec.

Poscia, ne' duo penultimi tripudi
Principati ed Arcangeli si girano:
L'ultimo è tutto d'Angelici ludi.

Questi ordini di su tutti rimirano,
E di giù vincon sì, che verso Dio
Tutti tirati sono, e tutti tirano.

E Dionisio, con tanto disio,
A contemplar questi ordini si mise,
Che li nomò e distinse com'io.

Ma Gregorio da lui poi si divise:
Onde sì tosto, come gli occhi aperse
In questo Ciel, di sè medesmo rise.

E se tanto segreto ver profferse
Mortale in terra, non voglio ch' ammiri:
Chè chi 'l vide quassù, gliel discoverse,

Con altro assai del ver di questi giri.

Gazouille un Hosannah éternel et tournoie,
Chantant avec trois chœurs, dans trois ordres de joie
Qu'il enferme en son sein ainsi que le premier.

Et hiérarchiquement trois divines substances,
Les Dominations, les Vertus, les Puissances
Tournent dans ce ternaire en cercles radieux.

Aux deux avant-derniers cercles sont les Archanges
Et les Principautés; au dernier sont les Anges
L'emplissant tout entier de leurs ébats joyeux.

Tous ces ordres divers au point central conspirent.
Tous attirés vers Dieu, vers Dieu tous ils attirent,
Communiquant le feu dont ils sont animés.

Denys, à contempler ces ordres angéliques,
Mit tant d'amour et tant d'ardeurs évangéliques,
Qu'il les a, comme moi, distingués et nommés (7).

Un peu plus tard de lui se sépara Grégoire (8).
Mais quand mort il monta jusqu'en ce Ciel de gloire
Et qu'il rouvrit les yeux, de lui-même il se rit.

Et ne sois pas surpris qu'un si divin mystère
Ait été révélé par un homme à la terre.
Celui qui put le voir, Paul, le lui découvrit

Avec d'autres secrets que là-haut il surprit (9). »

NOTES DU CHANT XXVIII.

(1) Ce qu'on voit apparaître dans ce Ciel, ou bien ce qu'on voit apparaître dans l'œil, ce que j'avais vu moi apparaître dans les yeux de Béatrice. Car l'œil est un orbe qui réfléchit les objets, et les choses du Ciel se réfléchissent toutes dans l'œil théologique de Béatrice. Je penche beaucoup pour ce dernier sens, néanmoins ma traduction conserve le vague du texte qui partage les commentateurs.

(2) Il exagère à dessein la petitesse de ce point flamboyant, pour rendre la souveraine spiritualité, simplicité et indivisibilité de Dieu.

(3) Ici dans ce monde intellectuel, les cercles les plus petits, les plus près du centre, tournent le plus rapidement et sont les plus divins, au contraire des sphères du monde sensible, qui deviennent plus sublimes à mesure qu'elles sont plus grandes et s'élèvent au-dessus de leur centre, qui est la terre. Ce monde sensible a pourtant dû être copié sur le monde spirituel : comment donc expliquer cette apparente anomalie ? Béatrice va répondre.

(4) Béatrice répond : Dans les cercles corporels du monde matériel et sensible, plus de perfection entre nécessairement dans plus d'amplitude. On ne peut donc comparer les cercles spirituels et les cercles matériels que sous le rapport de leur perfection relative. On trouve alors que le cercle intellectuel le plus parfait, celui des Séraphins, correspond dans le monde sensible à la sphère matérielle la plus large, c'est-à-dire au neuvième Ciel ; le cercle spirituel, qui vient après celui des Séraphins, au huitième Ciel, et ainsi de suite jusqu'au dernier cercle spirituel et angélique qui correspond au premier Ciel sensible, celui de la Lune, le plus près du centre la Terre, mais le plus loin du centre Dieu.

(5) L'Indien Sena-Ebn-Dahir, ayant présenté à un roi de Perse le jeu des échecs qu'il venait d'inventer, le roi lui promit de lui donner tout ce qu'il demanderait. Je demande, dit l'Indien, un grain de blé pour la première case de l'échiquier, deux pour la seconde, quatre pour la troisième et ainsi de suite, en doublant toujours jusqu'à la soixante-quatrième case. On ne trouva pas dans toute la Perse assez de blé pour le payer.

(6) Le Bélier qui en automne se montre la nuit sur notre hémisphère.

(7) Denys l'Aréopagite, auteur du *De cœlesti hierarchia*.

(8) Grégoire-le-Grand, dans une de ses homélies, en décrivant la hiérarchie évangélique, a changé l'ordre adopté par Denys.

(9) Saint Paul qui fut ravi au Ciel, et que saint Denys eut pour maître.

ARGUMENT DU CHANT XXIX.

Béatrice, pour satisfaire à la curiosité du poëte, lui explique la création des Anges. Elle s'élève contre les prédicateurs qui obscurcissent l'Évangile par des arguties pour se faire briller eux-mêmes, déshonorent la chaire chrétienne par d'indignes facéties, et font un trafic de fausses indulgences. Puis, revenant à son sujet, elle ajoute quelques mots à ce qu'elle a dit des substances angéliques.

CANTO VENTESIMO NONO.

Quando ambeduo li figli di Latona
Coverti del Montone, e della Libra,
Fanno dell' orizzonte insieme zona,

Quant' è dal punto che 'l zenit inlibra,
Infin che l' uno e l' altro da quel cinto,
Cambiando l' emisperio, si dilibra,

Tanto, col volto di riso dipinto,
Si tacque Beatrice, riguardando
Fisso nel punto, che m' aveva vinto:

Poi cominciò: Io dico, e non dimando
Quel che tu vuoi udir, perch' io l' ho visto
Ove s' appunta ogni *ubi* ed ogni quando.

CHANT VINGT-NEUVIÈME.

Lorsque les deux enfants de Latone en présence,
Phœbus sous le Bélier, Phœbé sous la Balance,
Sont ensemble enfermés dans le même horizon,

Un instant le zénith les tient en équilibre
Jusqu'à ce que changeant son hémisphère, et, libre,
Chacun des deux flambeaux sorte de sa prison :

Un court moment ainsi demeura sans rien dire (1)
Béatrice, le front éclairé d'un sourire,
L'œil fixé sur le Point trop brillant pour mes yeux.

Puis elle commença : « Je parle sans attendre
Et sans te demander ce que tu veux entendre,
L'ayant vu dans ce centre et des temps et des lieux.

Non per avere a sè di bene acquisto,
Ch' esser non può, ma perchè suo splendore
Potesse risplendendo dir, sussisto:

In sua eternità di tempo fuore,
Fuor d' ogni altro comprender, com' ei piacque
S' aperse in nuovi Amor l' eterno Amore.

Nè prima quasi torpente si giacque:
Che nè prima nè poscia procedette
Lo discorrer di Dio sovra quest' acque.

Forma e materia congiunte e purette
Usciro ad atto, che non avea fallo,
Come d' arco tricorde tre saette:

E come in vetro, in ambra, od in cristallo
Raggio risplende sì, che dal venire
All' esser tutto non è intervallo;

Così 'l triforme effetto dal suo Sire
Nell' esser suo raggiò insieme tutto,
Senza distinzion nell' esordire.

Concreato fu ordine e costrutto
Alle sustanzie, e quelle furon cima
Nel mondo, in che puro atto fu produtto.

Non pour ajouter rien à sa bonté première,
Car cela ne se peut, mais pour que sa lumière,
Rayonnant au dehors, eût à dire : Je suis !

Dans son éternité, hors du temps, de l'espace,
Et selon qu'il lui plut, l'Amour qui tout embrasse
S'ouvrit en neuf Amours ensemble épanouis.

Cet amour n'était pas inerte avant d'éclore ;
Car *l'avant* et *l'après* n'existaient pas encore
Lorsque l'esprit de Dieu fut porté sur les eaux.

La forme et la matière, à part, comme assorties,
De sa main infaillible à la fois sont sorties,
Comme d'un arc trichorde il sort trois javelots (2).

Et tel dans le cristal, dans l'ambre ou dans le verre,
Quand vient se réfléchir un rayon de lumière,
C'est dans le même instant qu'il vient et resplendit ;

Ainsi le triple effet sorti des mains du Maître
Resplendit d'un seul coup complet dans tout son être
Sans qu'une part d'ouvrage avant l'autre s'ourdît.

En même temps fut fait l'ordre de ces substances.
A la cime du monde, ici, ces existences,
De pure activité sublime enfantement ;

Pura potenzia tenne la parte ima:
Nel mezzo strinse potenzia con atto
Tal vime, che giammai non si divima.

Jeronimo vi scrisse lungo tratto
De' secoli degli Angeli creati
Anzi che l' altro mondo fosse fatto.

Ma questo vero è scritto in molti lati
Dagli scrittor dello Spirito Santo:
E tu lo vederai, se ben ne guati:

Ed anche la ragion lo vede alquanto,
Chè non concederebbe, che i motori
Senza sua perfezion fosser cotanto.

Or sai tu dove, e quando questi Amori
Furon creati, e come; sì che spenti
Nel tuo disio già son tre ardori.

Nè giugneriesi, numerando, al venti
Sì tosto, come degli Angeli parte
Turbò 'l suggetto de' vostri alimenti.

L' altra rimase, e cominciò quest'arte
Che tu discerni, con tanto diletto,
Che mai da circuir non si diparte.

La force élémentaire aux bas-fonds se concentre,
Tandis qu'indissoluble un nœud unit au centre
Le pur moteur avec le puissant élément (3).

Vous trouvez quelque part écrit dans saint Jérôme
Que l'Amour enfanta l'angélique royaume
Bien des siècles avant le monde corporel.

Mais la vérité vraie et que je viens de dire,
Dans tous les écrivains que l'Esprit saint inspire
Tu la verras écrite, axiome formel.

La raison même joint des preuves non minimes;
Elle n'admettrait pas que ces moteurs sublimes
Fussent ainsi restés d'inutiles moteurs.

Maintenant tu sais où, quand, de quelle manière,
Sont sortis du néant ces Anges de lumière.
Ainsi dans ton désir j'ai calmé trois ardeurs.

Mais las! en moins de temps qu'il n'en faudrait peut-être
Pour compter jusqu'à vingt, luttant contre son Maître,
De ces anges moitié troubla votre élément (4),

Moitié resta fidèle et commença la ronde
Que tu vois: chœur joyeux qui fait mouvoir le monde
Et n'a jamais cessé de tourner un moment.

Principio del cader fu il maladetto
Superbir di colui che tu vedesti
Da tutti i pesi del mondo costretto.

Quelli, che vedi qui, furon modesti
A riconoscer sè della bontate,
Che gli avea fatti a tanto intender presti:

Perchè le viste lor furo esaltate
Con grazia illuminante, e con lor merto,
Sì c' hanno piena e ferma volontate.

E non voglio che dubbi, ma sie certo,
Che ricever la grazia è meritoro,
Secondo che l' affetto gli è aperto.

Omai dintorno a questo consistoro
Puoi contemplare assai, se le parole
Mie son ricolte, senz' altro aiutoro.

Ma perchè 'n terra, per le vostre scuole
Si legge, che l' angelica natura
È tal, che 'ntende, e si ricorda, e vuole;

Ancor dirò, perchè tu veggi pura
La verità che laggiù si confonde
Equivocando in sì fatta lettura.

CHANT XXIX.

Les autres ils étaient tombés du Ciel sublime
Par le maudit orgueil de celui qu'en l'abîme
Tu vis sous le fardeau du monde frémissant.

Ceux qui sont sous tes yeux, avec un cœur modeste
Se reconnurent fils de la Bonté céleste
Qui les avait doués d'un esprit si puissant.

Alors leur vue en Dieu s'éleva culminante
Par leur mérite et par la Grâce illuminante,
Et leur vouloir ne put ni faiblir ni faillir.

Car il faut le savoir : La Grâce est au mérite ;
On l'obtient, crois-le bien, quand on la sollicite,
Et suivant que le cœur s'ouvre pour l'accueillir.

Désormais sans secours tu peux voir dans sa gloire
Et contempler tout seul ce divin consistoire,
Si ce que je t'ai dit tu sais le retenir.

Mais comme sur la terre à l'école on explique
Que dans les profondeurs de l'essence angélique
On trouve entendement, volonté, souvenir,

J'ajoute un mot afin qu'à tes yeux éclaircie
Brille la vérité chez vous trop obscurcie
Par cet enseignement d'équivoques taché.

Queste sustanzie poichè fur gioconde
Della faccia di Dio, non volser viso
Da essa, da cui nulla si nasconde:

Però non hanno vedere interciso
Da nuovo obbietto, e però non bisogna
Rimemorar per concetto diviso.

Sì che laggiù non dormendo si sogna,
Credendo e non credendo dicer vero:
Ma nell' uno è più colpa e più vergogna.

Voi non andate giù per un sentiero,
Filosofando; tanto vi trasporta
L' amor dell' apparenza e 'l suo pensiero.

Ed ancor questo quassù si comporta
Con men disdegno, che quando è posposta
La divina Scrittura, o quando è torta.

Non vi si pensa quanto sangue costa
Seminarla nel mondo, e quanto piace
Chi umilmente con essa s' accosta.

Per apparer ciascun s' ingegna, e face
Sue invenzioni, e quelle son trascorse
Da' predicanti, e 'l Vangelio si tace.

Ces substances, depuis qu'elles ont sans nuage
Contemplé Dieu, n'ont plus détaché leur visage
De ces yeux, leur délice, à qui rien n'est caché.

Nul objet étranger jamais ne s'interpose
Entre elles et Dieu : donc, nul besoin, nulle cause,
De se ressouvenir par concept divisé.

C'est ainsi que chez vous les yeux ouverts on songe,
Qu'on croie à ce qu'on dit ou que ce soit mensonge,
Et dans ce cas le tort ne peut être excusé.

Loin du sentier battu, loin de la bonne voie
On va philosophant, et toujours vous fourvoie
Votre amour de paraître et votre vain penser.

Encore n'est-ce pas le pis que l'on commette ;
On offense encor plus le Ciel lorsqu'on rejette
La divine Écriture ou cherche à la fausser.

Ce qu'il en a coûté de sang pour la répandre
Nul n'y songe, et combien celui qui veut l'entendre
Et la suivre de près humblement, à Dieu plaît.

Pour paraître, chacun s'ingénie ; on invente :
Textes que dans la chaire ensuite l'on commente
Tandis que le divin Évangile se tait.

Un dice, che la Luna si ritorse
Nella passion di Cristo, e s' interpose,
Perchè 'l lume del Sol giù non si porse:

Ed altri, che la luce si nascose
Da sè: però agl' Ispani, e agl' Indi,
Com' a' Giudei, tale eclissi rispose.

Non ha Firenze tanti Lapi e Bindi,
Quante sì fatte favole per anno
In pergamo si gridan quinci e quindi:

Sì che le pecorelle, che non sanno,
Tornan dal pasco pasciute di vento,
E non le scusa non veder lor danno.

Non disse Cristo al suo primo convento:
Andate, e predicate al mondo ciance;
Ma diede lor verace fondamento:

E quel tanto sonò nelle sue guance,
Sì ch' a pugnar, per accender la Fede,
Dell' Evangelio fêro scudi e lance.

Ora si va con motti e con iscede
A predicare, e pur che ben si rida,
Gonfia 'l cappuccio, e più non si richiede.

La Lune, vous dit l'un, rebroussant en arrière,
Fit un voile au soleil afin que sa lumière
Ne pût pas éclairer la Passion de Dieu.

Un autre : Le Soleil s'est caché sous la Lune
Et de lui-même : ainsi l'éclipse fut commune
Aux Indes, à l'Espagne ainsi qu'au sol Hébreu.

Des Lapi, des Bendi, dans Florence innombrables,
Le chiffre n'atteint pas ce que de telles fables
Dans la chaire en un an on débite partout :

Si bien que la brebis ignorante, essoufflée,
S'en revient du pâtis, de vent toute gonflée,
Et ne pas voir son mal ne l'absout pas du tout.

Jésus-Christ ne dit pas à ses premiers prophètes :
Allez de par le monde et prêchez des sornettes!
Non, il leur a donné la vérité pour loi.

Ils l'ont fait, cette loi, retentir claire et pure,
Et l'Évangile fut leur lance et leur armure
Alors qu'ils combattaient pour allumer la Foi.

On s'en va maintenant mêlant bouffonnerie
Et jeux de mots au prêche, et, pourvu que l'on rie,
Le capuchon se gonfle; on croit que tout est dit.

Ma tale uccel nel becchetto s' annida,
Che se 'l vulgo il vedesse, non torrebbe
La perdonanza, di che si confida:

Per cui tanta stoltezza in terra crebbe,
Che senza pruova d' alcun testimonio
Ad ogni promession si converrebbe.

Di questo 'ngrassa 'l porco santo Antonio,
Ed altri assai, che son peggio che porci,
Pagando di moneta senza conio.

Ma perchè sem digressi assai, ritorci
Gli occhi oramai verso la dritta strada,
Sì che la via col tempo si raccorci.

Questa Natura sì oltre s' ingrada
In numero, che mai non fu loquela,
Nè concetto mortal, che tanto vada.

E se tu guardi quel che si rivela
Per Daniel, vedrai, che 'n sue migliaia
Determinato numero si cela.

La prima luce, che tutta la raia,
Per tanti modi in essa si ricepe,
Quanti son gli splendori a che s' appaia.

Mais si l'on pouvait voir au fond de la cagoule
Quelle espèce d'oiseau se niche, sur la foule
Les pardons qu'il répand perdraient de leur crédit :

Grâces dont aujourd'hui la terre est assotie
A tel point qu'un chacun sans preuve et garantie
Peut promettre : le monde à lui vient du plus loin.

Et l'on engraisse ainsi le porc de saint Antoine,
Et, plus ignoble encor que le pourceau, le moine
Qui nous paie en monnaie et sans titre et sans coin.

Mais nous voilà bien loin de notre but : ramène
A présent tes regards vers la route sereine.
Puisque le temps est court, abrégeons le chemin.

De ces anges, là-haut à mesure qu'on monte,
La multitude croît à tel point que le compte
Dépasse la parole et le penser humain.

Réfléchis un instant au nombre qui défile
Aux regards de Daniel; il en compte des mille;
Sur le chiffre précis cependant il se tait (5).

La première Clarté, qui tous les illumine,
En autant de façons dans leur sein se combine
Qu'ils sont là de splendeurs où sa vertu paraît.

Onde, perocchè all' atto che concepe
Segue l' affetto, d' amor la dolcezza
Diversamente in essa ferve, e tepe.

Vedi l' eccelso omai e la larghezza
Dell' eterno valor, poscia che tanti
Speculi fatti s' ha, in che si spezza,

Uno manendo in sè, come davanti.

Et puisqu'à tout concept dans chaque intelligence
Correspond un amour, dans l'angélique essence
Le doux amour divin est plus ou moins bouillant.

Ores vois la hauteur et la grandeur extrême
De ce Bien souverain qui s'est fait à lui-même
Tant de miroirs auxquels il va se partageant

Et reste toujours un en soi, tout comme avant. »

NOTES DU CHANT XXIX.

(1) Un court moment comme celui que peut durer la présence simultanée du Soleil et de la Lune sous le même horizon.

(2) La forme à part, la forme pure sans la matière, c'est-à-dire les Anges; la matière pure, c'est-à-dire les éléments comme la terre, l'air, l'eau, le feu; la forme et la matière réunies, c'est-à-dire les sphères du monde sensible, sphères matérielles auxquelles correspondent intimement unies les intelligences angéliques qui leur servent de moteurs.

(3) Ainsi les formes purement actives, les Anges, au faîte de la création; tout en bas la matière brute, la puissance élémentaire (*potenzia*); au milieu la hiérarchie du monde visible, depuis le Ciel de la Lune jusqu'au premier Mobile, hiérarchie parallèle et intimement unie à la hiérarchie angélique.

(4) Quand la terre s'entr'ouvrit et que l'enfer engloutit les anges rebelles. Le texte dit : *Le sujet de vos aliments*, c'est bien l'élément terrestre.

(5) *Millia millium ministrabant ei*, etc. (Daniel).

ARGUMENT DU CHANT XXX.

Dante monte avec Béatrice au Ciel Empyrée. La beauté de Béatrice devient ineffable. Dante voit un fleuve de lumière coulant entre deux rives émaillées de fleurs. Des étincelles sortent du fleuve, se mêlent à l'éclat des fleurs, puis se replongent dans les eaux lumineuses. Dante y trempe sa paupière et la vision devient plus claire. Toutes les fleurs n'en forment plus qu'une. Les âmes bienheureuses étagées comme les feuilles d'une grande rose se mirent dans les flots éblouissants, reflet de la splendeur divine, et dont les étincelles sont des Anges. Béatrice montre à Dante l'immensité de cette capitale de Dieu, les élus et les Anges innombrables qu'elle renferme et le trône céleste réservé à Henri de Luxembourg.

CANTO TRENTESIMO.

Forse seimila miglia di lontano
Ci ferve l' ora sesta, e questo mondo
China già l' ombra, quasi al letto piano,

Quando 'l mezzo del Cielo, a noi profondo,
Comincia a farsi tal, che alcuna stella
Perde 'l parere, infino a questo fondo:

E come vien la chiarissima ancella
Del Sol più oltre, così 'l Ciel si chiude
Di vista in vista infino alla più bella:

Non altrimenti 'l trionfo, che lude
Sempre dintorno al punto, che mi vinse,
Parendo inchiuso da quel, ch' egli inchiude,

CHANT TRENTIÈME.

Peut-être à six milliers de milles de nos plages,
A l'orient, Midi bout, et sur nos rivages
A l'horizon déjà la nuit est en déclin

Quand au-dessus de nous, laissant tomber son voile,
Le Ciel profond blanchit et que plus d'une étoile
A cessé d'éclairer le terrestre ravin.

A mesure que vient la brillante courrière
Annoncer le Soleil, de lumière en lumière
Le firmament s'éteint, et ses beaux yeux il clot.

Tel le chœur triomphal qui s'éjouit sans cesse
Autour du Point de feu qui vainquit ma faiblesse,
Paraissant s'absorber dans ce point qu'il enclot,

A poco a poco al mio veder si stinse:
Per che tornar con gli occhi a Beatrice
Nulla vedere ed amor mi costrinse.

Se quanto infino a qui di lei si dice,
Fosse conchiuso tutto in una loda,
Poco sarebbe a fornir questa vice.

La bellezza ch' io vidi si trasmoda
Non pur di là da noi, ma certo io credo,
Che solo il suo Fattor tutta la goda.

Da questo passo vinto mi concedo,
Più che giammai da punto di suo tema
Suprato fosse comico, o tragedo.

Chè, come Sole il viso che più trema,
Così lo rimembrar del dolce riso
La mente mia da sè medesma scema.

Dal primo giorno, ch' io vidi 'l suo viso
In questa vita, insino a questa vista,
Non è 'l seguire al mio cantar preciso:

Ma or convien, che 'l mio seguir desista
Più dietro a sua bellezza, poetando,
Come all' ultimo suo, ciascuno artista.

Par degrés lentement s'éteignit à ma vue ;
Et l'amour me poussant, et la nuit survenue,
Je cherchai du regard mon guide bienfaisant.

Si tout ce que j'ai dit jusqu'ici de cet ange,
Si tout cela formait une seule louange,
Tout cela cette fois serait insuffisant.

La beauté que je vis dépasse en amplitude
Plus que notre portée, et j'ai la certitude
Que son créateur seul la savoure en entier.

Je suis donc, je l'avoue, au-dessous de mon thème
Et plus que ne le fut au milieu d'un poëme
Aucun chantre comique, aucun tragique altier.

Comme aux feux du soleil notre faible rétine
Tremble, le souvenir de sa beauté divine
Jette encore hors de lui mon pauvre entendement.

Depuis le premier jour où je vis sa figure
Dans ce monde jusqu'à cette vision pure,
Je l'ai chantée et sans m'interrompre un moment.

Mais il faut à présent, ainsi que chaque artiste
A son dernier effort, qu'ici je me désiste
Et renonce en mes vers à suivre sa beauté.

Cotal, qual' io la lascio a maggior bando,
Che quel della mia tuba, che deduce
L' ardua sua materia terminando,

Con atto e voce di spedito duce
Ricominciò; Noi semo usciti fuore
Del maggior corpo al Ciel, ch' è pura luce:

Luce intellettual piena d' amore,
Amor di vero ben pien di letizia,
Letizia, che trascende ogni dolzore.

Qui vederai l' una e l' altra milizia
Di Paradiso, e l' una in quegli aspetti,
Che tu vedrai all' ultima giustizia.

Come subito lampo, che discetti
Gli spiriti visivi, sì che priva
Dell' atto l' occhio de' più forti obbietti;

Così mi circonfulse luce viva,
E lasciommi fasciato di tal velo
Del suo fulgor, che nulla m' appariva.

Sempre l' Amor, che queta questo Cielo,
Accoglie in sè con sì fatta salute,
Per far disposto a sua fiamma il candelo.

Telle donc en l'éclat de ses splendeurs croissantes
Qu'il faut les laisser dire à des voix plus puissantes
Et terminer mon chant plein de difficulté :

« Voici que nous montons de la plus grande sphère
Au Ciel empyréen qui n'est plus que lumière !
(Dit-elle avec un ton, un geste plein d'ardeur).

Lumière de l'esprit en qui l'amour flamboie,
Amour du bien suprême et tout rempli de joie,
Joie immense, au-dessus de toute autre douceur.

Ici du Paradis l'une et l'autre milice (1)
Vont t'apparaître, et, comme au jour de la Justice,
Tu verras l'une avec son corps tout lumineux. »

Comme un subit éclair qui, nous frappant en face,
Paralyse la vue et dans notre œil efface
L'impression des corps les plus volumineux,

Ainsi m'enveloppa par devant, par derrière,
D'un voile éblouissant une vive lumière
Et me couvrit au point que je ne voyais plus.

« L'Amour, dont les doux feux dans ce Ciel se répandent,
Pour disposer le cierge à ces feux qui l'attendent,
D'un semblable salut accueille les élus. »

Non fur più tosto dentro a me venute
Queste parole brevi, ch' io compresi
Me sormontar di sopra a mia virtute:

E di novella vista mi raccesi
Tale, che nulla luce è tanto mera,
Che gli occhi miei non si fosser difesi:

E vidi lume in forma di riviera
Fulvido di fulgore, intra duo rive,
Dipinte di mirabil Primavera.

Di tal fiumana uscian faville vive,
E d' ogni parte si mettean ne' fiori,
Quasi rubin, che oro circonscrive.

Poi, come inebriate dagli odori,
Riprofondavan sè nel miro gurge,
E, s' una entrava, un' altra n' uscia fuori.

L' alto disio, che mo t' infiamma ed urge
D' aver notizia di ciò che tu vei,
Tanto mi piace più, quanto più turge:

Ma di quest' acqua convien che tu bei
Prima che tanta sete in te si sazii:
Così mi disse 'l Sol degli occhi miei;

Cette brève réponse à peine de l'oreille
Elle m'entrait au cœur, que soudain, ô merveille !
Je sentis une force étrange me venir,

Et la vue en mes yeux se ralluma perçante,
Et telle qu'il n'est point de flamme si puissante
Que mon regard dès-lors n'eût pu la soutenir.

Et je vis un torrent de flammes toutes vives,
Un fleuve de splendeurs coulant entre deux rives
Où d'un printemps sans fin s'étalait le trésor.

De ce fleuve sortaient des milliers d'étincelles
Qui tombaient au milieu de ces fleurs éternelles (2)
Et semblaient des rubis enchâssés dans de l'or.

Puis, ivres de parfums, les clartés fulgurantes
Au torrent merveilleux se replongeaient vivantes,
Et quand l'une y rentrait, une autre en jaillissait.

« Le désir qui t'enflamme à présent de connaître
Le sens de ce qu'ici tu viens de voir paraître,
Plus il gonfle ton cœur, d'autant mieux il me plaît.

Mais avant d'apaiser la soif qui te consume
Il te faudra goûter de cette eau sans écume. »
Le Soleil de mes yeux ainsi m'avait parlé ;

Anche soggiunse: Il fiume e li topazii,
Ch' entrano ed escono, e 'l rider dell' erbe
Son di lor vero ombriferi prefazii:

Non che da sè sien queste cose acerbe:
Ma è difetto dalla parte tua,
Chè non hai viste ancor tanto superbe.

Non è fantin, che sì subito rua
Col volto verso il latte, se si svegli
Molto tardato dall' usanza sua,

Come fec' io per far migliori spegli
Ancor degli occhi, chinandomi all' onda,
Che si deriva, perchè vi s' immegli.

E, sì come di lei bevve la gronda
Delle palpebre mie, così mi parve
Di sua lunghezza divenuta tonda.

Poi come gente stata sotto lave,
Che pare altro che prima se si sveste
La sembianza non sua in che disparve;

Così mi si cambiaro in maggior feste
Li fiori e le faville, sì ch' io vidi
Ambo le Corti del Ciel manifeste.

CHANT XXX.

Ensuite il ajouta : « Ces topazes brillantes,
Ce fleuve éblouissant et ces fleurs souriantes
Sont du suprême Vrai le prélude voilé.

Non pas que l'enveloppe ici soit fort épaisse,
Mais le voile provient surtout de ta faiblesse
Et ton regard n'est pas encore assez profond. »

Tel, réveillé plus tard que son accoutumance,
L'enfant se précipite avec impatience
Sur le sein nourricier collant son petit front :

Pour faire de mes yeux des miroirs plus limpides,
Ainsi je m'élançais vers ces flammes liquides
Où l'on se purifie en se désaltérant.

Et quand j'en eus mouillé le bord de ma paupière,
Le fleuve s'écartant de sa forme première
M'apparut rond, de long qu'il me semblait avant (3).

Et puis, comme caché sous le masque, un visage
Nous apparaît tout autre alors qu'il se dégage
De ce masque emprunté, voile artificiel :

Ainsi les belles fleurs, ainsi les étincelles
Exultèrent soudain plus vives et plus belles,
Et je vis clairement la double Cour du Ciel :

O isplendor di Dio, per cu' io vidi
L' alto trionfo del regno verace,
Dammi virtude a dir com' io lo vidi.

Lume è lassù, che visibile face
Lo Creatore a quella creatura,
Che solo in lui vedere ha la sua pace:

E si distende in circular figura
In tanto, che la sua circonferenza
Sarebbe al Sol troppo larga cintura.

Fassi di raggio tutta sua parvenza,
Reflesso al sommo del mobile primo,
Che prende quindi vivere, e potenza;

E come clivo in acqua di suo imo
Si specchia, quasi per vedersi adorno,
Quando è nel verde, e ne' fioretti opimo,

Sì soprastando al lume intorno intorno
Vidi specchiarsi in più di mille soglie,
Quanto di noi lassù fatto ha ritorno.

E se l' infimo grado in sè raccoglie
Sì grande lume, quant' è la larghezza
Di questa rosa nell' estreme foglie?

O toi par qui j'ai vu, Splendeur de Dieu lui-même!
Tout l'éclat triomphal du royaume suprême,
Donne-moi de le dire ainsi que je l'ai vu!

Il existe là-haut une lumière pure,
A travers ses rayons Dieu montre sa figure
A ces êtres qui n'ont de paix qu'en le voyant.

Sous la forme d'un cercle elle s'étend immense,
Son diamètre est si grand que sa circonférence
Serait pour le soleil trop large ceinturon.

Ce qu'il en apparaît n'est rien qu'un reflet d'elle
Sur le Premier Mobile où ce reflet ruisselle,
Et qui prend vie et force au sein de ce rayon.

Et comme le coteau qu'au pied baigne une eau pure
Se mire dans le flot pour y voir sa parure
Quand il est tout chargé de verdure et de fleurs,

Etagés en gradins, penchés sur la lumière,
Se mirent par milliers tous ceux qui de la terre
Ont fait retour au Ciel et sont sur ces hauteurs.

Au dernier échelon, si la feuille dernière
Reçoit une si large et si vive lumière,
De la rose, au sommet, que doit être l'ampleur?

La vista mia nell' ampio e nell' altezza
Non si smarriva, ma tutto prendeva
Il quanto e 'l quale di quella allegrezza,

Presso e lontano lì, nè pon, nè leva:
Che dove Dio senza mezzo governa,
La legge natural nulla rilieva.

Nel giallo della rosa sempiterna,
Che si dilata, rigrada, e redole
Odor di lode al Sol, che sempre verna,

Qual' è colui, che tace e dicer vuole,
Mi trasse Beatrice, e disse: Mira
Quanto è 'l convento delle bianche stole!

Vedi nostra città quanto ella gira!
Vedi li nostri scanni sì ripieni,
Che poca gente omai ci si disira.

In quel gran seggio, a che tu gli occhi tieni,
Per la corona, che già v' è su posta,
Primachè tu a queste nozze ceni,

Sederà l' alma, che fia giù Agosta
Dell' alto Arrigo, ch' a drizzare Italia
Verrà imprima ch' ella sia disposta.

Mon œil ne s'égarait ni dans cette amplitude,
Ni dans cette hauteur; de la béatitude
J'embrassais tout le cercle, en hauteur, en largeur.

Partout égal éclat, de près comme à distance.
Au royaume immédiat de la Toute-Puissance
Des naturelles lois rien ne relève plus.

Dans le calice d'or de la rose éternelle
Qui par degrés s'étage en exhalant hors d'elle
Un parfum de louange au Soleil des élus,

Avant que j'eusse encor essayé de rien dire,
M'attira Béatrice et puis me dit : « Admire
Combien l'ordre est nombreux des heureux voiles blancs!

Vois notre capitale et quelles larges zones
Elle embrasse! et combien nous occupons de trônes!
Vois, il reste bien peu de vides sur nos bancs.

Sur ce grand siége vide, et dont ton œil s'étonne
A cause du rayon qui déjà le couronne,
Avant qu'à ce banquet tu sois venu t'asseoir,

Siégera le très-haut Empereur, l'âme pie
De Henri qui viendra relever l'Italie
Avant qu'elle soit prête à rentrer au devoir (3).

La cieca cupidigia, che v' ammalia,
Simili fatti v' ha al fantolino,
Che muor di fame e caccia via la balia;

E fia Prefetto nel foro divino
Allora tal, che palese e coverto
Non anderà con lui per un cammino.

Ma poco poi sarà da Dio sofferto
Nel santo uficio: ch'. el sarà detruso
Là dove Simon mago è per suo merto,

E farà quel d' Alagna esser più giuso.

L'aveugle passion, ingrats ! qui vous enfièvre,
Vous égale à l'enfant qui, la soif à la lèvre,
Bat sa nourrice, et qui la chasse de la main.

Dans le divin Prétoire, à la première place,
Un Pasteur sera qui, dans l'ombre ou bien en face,
Ne suivra pas ce roi dans le même chemin.

Mais Dieu le laissera bien peu de temps encore
Dans l'office sacré pour qu'il le déshonore !
Il ira dans la fosse où Simon est puni

Et fera choir plus bas le Mage d'Anagni. »

NOTES DU CHANT XXX.

(1) Les âmes bienheureuses et les Anges.

(2) Les étincelles sont les Anges, les fleurs sont les âmes bienheureuses.

(3) La longueur figurait l'immensité, la rondeur l'éternité.

(4) L'âme de Henri VII, empereur. Il était mort quand Dante écrivait. Mais le poëte est censé avoir sa vision en l'an 1300. Il prédit d'avance l'entreprise de Henri sur l'Italie que l'opposition du pape Clément VII fit avorter ; il décerne à son César la couronne céleste et plonge Clément VII en enfer dans la fosse des simoniaques, derrière le pape Boniface VIII (voy. le chant XIX de l'*Enfer*). On voit que les haines du proscrit ne l'abandonnent pas au milieu des délices du Paradis.

ARGUMENT DU CHANT XXXI.

Dante contemple dans leur gloire les deux milices du Ciel Empyrée : les Saints et les Anges. Béatrice a disparu : elle est montée s'asseoir sur son trône. Elle envoie au poëte saint Bernard pour la remplacer. Saint Bernard lui montre la Vierge Marie resplendissante au milieu des adorations des Saints et des Anges.

CANTO TRENTESIMO PRIMO.

In forma dunque di candida rosa
Mi si mostrava la milizia santa,
Che nel suo sangue Cristo fece sposa.

Ma l' altra, che volando vede e canta
La gloria di Colui, che la 'nnamora,
E la bontà, che la fece cotanta;

Sì come schiera d' api, che s' infiora
Una fiata, ed altra si ritorna
Là dove il suo lavoro s' insapora,

Nel gran fior discendeva, che s' adorna
Di tante foglie, e quindi risaliva
Là, dove il suo amor sempre soggiorna.

CHANT TRENTE ET UNIÈME.

Comme une rose blanche ouvrant son pur calice,
Ainsi s'offrait à moi la pieuse milice
Que dans son sang divin Jésus-Christ épousa.

L'autre, qui vole et voit et chante bienheureuse
La gloire de celui qui la rend amoureuse
Et l'immense bonté qui si haut l'éleva,

Comme un joyeux essaim d'abeilles va, butine
Dans les fleurs, puis retourne à la ruche voisine
Où le suc enlevé s'élabore en doux miel,

Descendait dans la rose immense, fleur parée
De tant de feuilles, puis remontait enivrée
Dans le foyer brûlant de l'amour éternel.

Le facce tutte avean di fiamma viva,
E l' ale d' oro, e l' altro tanto bianco,
Che nulla neve a quel termine arriva.

Quando scendean nel fior, di banco in banco,
Porgevan della pace e dell' ardore,
Ch' egli acquistavan, ventilando il fianco.

Nè l' interporsi tra 'l disopra e 'l fiore,
Di tanta plenitudine volante
Impediva la vista e lo splendore:

Chè la luce divina è penetrante
Per l' universo, secondo ch' è degno,
Sì che nulla le puote essere ostante.

Questo sicuro e gaudioso regno,
Frequente in gente antica ed in novella,
Viso ed amore avea tutto ad un segno.

O Trina Luce, che in unica stella
Scintillando a lor vista sì gli appaga,
Guarda quaggiuso alla nostra procella.

Sei Barbari, venendo da tal plaga,
Che ciascun giorno d' Elice si cuopra,
Rotante col suo figlio, ond' ella è vaga,

Flamme était la couleur de leur face céleste,
Leurs ailes étaient d'or, et la blancheur du reste
De la plus pure neige effaçait la splendeur.

De trône en trône allant jusqu'au cœur de la rose,
Ils versaient, secouant leurs ailes, quelque chose
De l'ardeur, de la paix qu'ils puisaient au Seigneur (1).

Les bataillons ailés, immense multitude
Volant entre la rose et la béatitude,
N'interceptaient pourtant ni les yeux ni le feu.

La lumière divine en l'univers pénètre
A tous les rangs, suivant qu'en est digne chaque être,
Et rien ne fait obstacle à la splendeur de Dieu.

Ce royaume, séjour paisible et magnifique
Des nouveaux bienheureux, de ceux de l'âge antique,
N'avait qu'un Point, un seul, dans le cœur et les yeux.

Triple splendeur, luisant dans une seule flamme
Dont s'enivrent leurs yeux et s'apaise leur âme,
Jette un regard sur nous, sur nos jours orageux !

Les Barbares, venus de la terre glacée
Où chaque jour repasse en tournant Hélicée
Avec le fils chéri qu'elle suit dans les airs (2),

Veggendo Roma e l' ardua sua opra
Stupefaceansi, quando Laterano
Alle cose mortali andò di sopra;

Io, che era al divino dall' umano,
Ed all' eterno dal tempo venuto,
E di Fiorenza in popol giusto e sano,

Di che stupor doveva esser compiuto!
Certo tra esso, e 'l gaudio mi facea
Libito non udire, e starmi muto.

E quasi peregrin, che si ricrea
Nel tempio del suo voto riguardando,
E spera già ridir com' ello stea;

Sì per la viva luce passeggiando,
Menava io gli occhi per li gradi
Mo su, mo giù, e mo ricirculando.

Vedeva visi a carità suadi
D' altrui lume fregiati, e del suo riso,
E d' atti ornati di tutte onestadi.

La forma general di Paradiso
Già tutta il mio sguardo avea compresa,
In nulla parte ancor fermato fiso:

Demeuraient stupéfaits voyant tout à coup Rome
Et ses hauts monuments, quand Latran, qu'on renomme,
N'avait rien qui lui fût égal en l'univers.

Moi qui venais au Ciel de la terre mortelle,
Moi qui montais du Temps à la Vie éternelle
Et du sein de Florence à ce peuple parfait,

De quel étonnement pouvais-je me défendre?
Je désirais ne rien dire, ne rien entendre,
Tout ensemble enivré de joie et stupéfait.

Et comme un pèlerin arrivé dans le temple
Où son vœu l'a conduit, il regarde, il contemple,
En espérant déjà tout décrire au retour:

De même, traversant cette vive lumière,
Je promenais mes yeux en avant, en arrière
Et d'étage en étage, en haut, en bas, autour.

Je voyais des fronts doux semblant, comme l'apôtre,
Dire: Aimez! Beaux amours, embellis l'un par l'autre,
Et dans leurs mouvements pleins de suavité.

Déjà du Paradis de Dieu ma faible vue
Embrassait tout l'ensemble en sa vaste étendue
Sans que mon œil se fût nulle part arrêté.

E volgeami con voglia riaccesa
Per dimandar la mia Donna di cose,
Di che la mente mia era sospesa.

Uno intendeva, ed altro mi rispose;
Credea veder Beatrice, e vidi un sene
Vestito con le genti gloriose.

Diffuso era per gli occhi e per le gene
Di benigna letizia, in atto pio,
Quale a tenero padre si conviene.

Ed, Ella ov' è? di subito diss' io;
Ond' egli: A terminar lo tuo disiro
Mosse Beatrice me del luogo mio:

E se riguardi su nel terzo giro
Del sommo grado, tu la rivedrai
Nel trono, che i suoi merti le sortiro.

Senza risponder gli occhi su levai,
E vidi lei, che si facea corona,
Riflettendo da sè gli eterni rai.

Da quella region che più su tuona,
Occhio mortale alcun tanto non dista,
Qualunque in mare più giù s' abbandona,

Et le feu du désir rallumé dans mon âme
Me tournait curieux du côté de ma Dame
Pour me faire expliquer ce dont j'ardais le plus.

J'attendais Béatrix, mais, contre mon attente,
Au lieu de Béatrice un vieillard se présente
Sous le blanc vêtement des glorieux élus.

Tout inondé de joie et de béatitude,
Il avait cette douce et bénigne attitude
Que prend un tendre père auprès d'un fils pieux.

« Et Béatrix ! où donc est-elle ? » m'écriai-je.
Il me dit : « Béatrix m'a fait quitter mon siége
Afin de te conduire au terme de tes vœux.

Dans le troisième rang de la plus haute zône
Regarde : tu pourras la revoir sur le trône
Que sa vertu lui fit échoir au Paradis. »

Muet, je relevai la tête et vis ma Donne
Se faisant à l'entour du front une couronne
Des rayons éternels sur elle réfléchis.

Si bas qu'au sein des mers, sous la vague profonde,
S'abandonne un plongeur, des régions où gronde
La foudre le plus haut, son œil est moins distant

Quanto lì da Beatrice la mia vista:
Ma nulla mi facea; chè sua effige
Non discendeva à me per mezzo mista.

O Donna, in cui la mia speranza vige,
E che soffristi per la mia salute;
In Inferno lasciar le tue vestige,

Di tante cose, quante io ho vedute,
Dal tuo podere e dalla tua bontate
Riconosco la grazia e la virtute.

Tu m' hai di servo tratto a libertate
Per tutte quelle vie, per tutt' i modi,
Che di ciò fare avean la potestate.

La tua magnificenza in me custodi,
Sì che l' anima mia, che fatt' hai sana,
Piacente a te dal corpo si disnodi.

Così orai: e quella sì lontana,
Come parea, sorrise e riguardommi;
Poi si tornò all' eterna fontana.

E 'l santo Sene: Acciocchè tu assommi
Perfettamente, disse, il tuo cammino,
A che prego ed amor santo mandommi,

Que le mien ne l'était alors de Béatrice,
Et pourtant je la vis. L'image protectrice
Rayonnait jusqu'à moi, rien ne l'interceptant.

« O femme sainte en qui fleurit mon espérance !
Toi qui pour mon salut, bravant toute souffrance,
N'as pas craint de laisser ta trace en l'Enfer noir !

Tout ce que mes regards ont vu, sainte maîtresse !
C'est à ton pouvoir, c'est à ta seule tendresse
Que j'ai dû la vertu, la grâce de le voir.

Serf tu m'as affranchi, tu m'as à la lumière
Conduit par toute voie et par toute manière
Qui pouvait aboutir à ce désiré port.

Que ta magnificence en moi se garde et dure
Pour que mon âme un jour, par toi guérie et pure,
Te plaise quand viendra la délier la mort ! »

Ainsi je la priai. De loin, sans me rien dire,
Elle me regarda, paraissant me sourire,
Et puis se retourna vers l'éternel foyer.

Alors le saint vieillard : « Afin que s'accomplisse
Ton voyage, dit-il, car c'est pour cet office
Qu'un vœu de pur amour a voulu m'envoyer,

Vola con gli occhi per questo giardino :
Chè veder lui t' accenderà lo sguardo
Più al montar per lo raggio divino.

E la Regina del Cielo, ond' io ardo
Tutto d' amor, ne farà ogni grazia,
Perocch' io sono il suo fedel Bernardo.

Quale è colui, che forse di Croazia
Viene a veder la Veronica nostra,
Che per l' antica fama non si sazia,

Ma dice nel pensier, fin che si mostra :
Signor mio, GESÙ CRISTO, Dio verace,
Or fu sì fatta la sembianza vostra?

Tale era io mirando la vivace
Carità di colui, che in questo mondo,
Contemplando gustò di quella pace :

Figliuol di grazia, questo esser giocondo,
Cominciò egli, non ti sarà noto
Tenendo gli occhi pur quaggiuso al fondo :

Ma guarda i cerchi fino al più remoto,
Tanto che veggi seder la Regina,
Cui questo regno è suddito e devoto.

CHANT XXXI.

Que ton œil vole au sein des fleurs de ce bocage;
Leur vue enflammera ton regard davantage,
Pour qu'au rayon divin il s'élève plus tard.

Et la reine du Ciel, pour qui brûle mon âme,
Nous sera toute grâce alors; car Notre-Dame
Est toujours toute à moi, son fidèle Bernard (3). »

Tel l'étranger venu du pays Dalmatique
Pour visiter chez nous la sainte Véronique (4),
Ne peut se détacher du suaire divin,

Et tandis qu'on la montre, en lui-même il murmure :
Mon Seigneur Jésus-Christ! O divine nature,
C'était donc là vraiment votre visage humain!

Tel étais-je, admirant la charité profonde
De l'auguste vieillard qui déjà dans ce monde
Savoura dans l'extase un avant-goût des Cieux.

« Jamais, dit-il, ô fils de la grâce infinie,
Tu ne sauras ce qu'est cette céleste vie
Si tu gardes ainsi toujours baissés tes yeux.

Jusqu'au dernier circuit que ton œil se promène :
Là tu verras siéger sur son trône la Reine
A qui tout ce royaume obéit plein d'amour (5). »

Io levai gli occhi; e come da mattina
La parte oriental dell' orizzonte
Soverchia quella, dove 'l Sol declina,

Così quasi di valle andando a monte,
Con gli occhi, vidi parte nello stremo
Vincer di lume tutta l' altra fronte.

E come quivi, ove s' aspetta il temo,
Che mal guidò Fetonte, più s' infiamma,
E quinci e quindi il lume è fatto scemo;

Così quella pacifica Orifiamma
Nel mezzo s' avvivava, e d' ogni parte
Per igual modo allentava la fiamma.

Ed a quel mezzo con le penne sparte
Vidi più di mille Angeli festanti,
Ciascun distinto e di fulgore e d' arte:

Vidi quivi a' lor giuochi ed a' lor canti
Ridere una bellezza che letizia
Era negli occhi a tutti gli altri Santi.

E s' io avessi in dir tanta dovizia,
Quanto ad immaginar, non ardirei
Lo minimo tentar di sua delizia.

Je relevai le front. Comme aux feux de l'aurore
Le ciel oriental qui soudain se colore
Fait pâlir l'horizon où décline le jour,

Dans la sphère du Ciel la plus loin reculée
Ainsi mon œil, montant *quasi* de la vallée
A la montagne, vit des feux supérieurs.

Et de même qu'au point d'où le char de lumière
Qu'égara Phaéton doit venir, tout s'éclaire
Tandis que la clarté pâlit partout ailleurs,

Ainsi cette céleste et paisible oriflamme
S'avivait au milieu d'une plus rouge flamme,
Et de chaque côté s'allanguissait le feu.

Des anges par milliers, et dans leur multitude
Différant tous entre eux d'éclat et d'attitude,
Paraissaient faire fête à ce brillant milieu.

Là je vis à leurs jeux, à leur danse admirable,
Sourire une beauté dont la vue adorable
Semblait ravir d'amour le chœur qui l'entourait.

Mon imagination fût-elle richissime
Et mon verbe à l'égal, de ce bonheur sublime
Je n'oserais tenter d'exprimer un seul trait.

Bernardo, come vide gli occhi miei,
Nel caldo suo calor fissi ed attenti;
Gli suoi con tanto affetto volse a lei,

Che i miei di rimirar fe' più ardenti.

Lorsque vit saint Bernard que dans la vive flamme
Je plongeais mon regard et j'absorbais mon âme,
Il attacha ses yeux sur elle avec ardeur,

Et mon extase en prit encor plus de ferveur.

NOTES DU CHANT XXXI.

(1) Les Anges vont puiser dans le sein de Dieu les flammes délicieuses qu'ils versent ensuite dans le calice de la rose dont les feuilles innombrables figurent les Saints.

(2) Hélicé, changée par Jupiter en ourse et près d'être percée d'une flèche par son fils Arcas, fut transportée au Ciel et devint la constellation de la Grande-Ourse. Arcas, après avoir subi la même métamorphose que sa mère, figure à côté d'elle la Petite-Ourse.

(3) Saint Bernard, abbé de Clairvaux, la gloire du douzième siècle.

(4) D'après la tradition, une femme juive ayant jeté un mouchoir sur le visage de Jésus-Christ montant au Calvaire, l'empreinte des traits du Sauveur resta gravée sur le suaire. Ce suaire, objet de vénération, fut appelé Véronique (de *vera* et de *icon*).

(5) La Vierge Marie.

ARGUMENT DU CHANT XXXII.

Saint Bernard explique à Dante l'ordre et la division de la rose des Saints. Elle est partagée en deux moitiés. Entre ces deux moitiés le trône de la Vierge, et au-dessous d'elle des siéges occupés par les femmes juives; vis-à-vis le trône de la Vierge celui de Jean-Baptiste et, au-dessous, des siéges occupés par saint François, saint Benoît, saint Augustin, etc. Ces siéges, divisant la rose dans toute sa largeur et dans sa profondeur, forment comme un mur de séparation entre les Saints d'avant et ceux d'après Jésus-Christ. Une file de gradins, occupés par les petits enfants, divise encore par le milieu chacune des deux moitiés de la rose. Saint Bernard explique comment des rangs ont pu être dévolus à ces innocents, et désigne les Saints les plus considérables faisant cortége à la glorieuse Vierge.

CANTO TRENTESIMO SECONDO.

Affetto al suo piacer quel contemplante
Libero uficio di dottore assunse,
E cominciò queste parole sante:

La piaga che Maria richiuse ed unse,
Quella, che, tanto bella, è da' suoi piedi,
È colei, che l' aperse, e che la punse.

Nell' ordine, che fanno i terzi sedi,
Siede Rachel, di sotto da costei,
Con Beatrice, sì come tu vedi.

Sarra, Rebecca, Judit, e colei,
Che fu bisava al Cantor, che per doglia
Del fallo disse, *Miserere mei*,

CHANT TRENTE-DEUXIÈME.

Le saint contemplateur sur la Vierge qu'il aime
Tint ses yeux attachés, puis, prenant de lui-même
L'office de docteur, en ces mots s'exprima :

« Aux pieds de Maria, cette femme si belle,
C'est celle qui causa la blessure cruelle
Que ferma le Sauveur, que son sang embauma (1).

Et d'un siége au-dessous de la belle matrone,
Dans le troisième rang, tu vois Rachel qui trône
Auprès de Béatrix sur un même degré.

Puis Sarah, Rébecca, Judith et la glaneuse (2),
La bisaïeule au roi qui, l'âme douloureuse,
Et cédant au remords, chanta *Miserere*.

Puoi tu veder così di soglia in soglia
Giù digradar, com' io, ch' a proprio nome
Vo per la rosa giù, di foglia in foglia.

E dal settimo grado in giù, sì come
Infino ad esso, succedono Ebree
Dirimendo del fior tutte le chiome:

Perchè, secondo lo sguardo, che fee
La Fede in Cristo, queste sono il muro,
A che si parton le sacre scalee.

Da questa parte, onde 'l fiore è maturo
Di tutte le sue foglie, sono assisi
Quei, che credettero in Cristo venturo.

Dall' altra parte, onde sono intercisi
Di voto i semicircoli, si stanno
Quei, ch' a Cristo venuto ebber li visi.

E come quinci il glorioso scanno
Della Donna del Cielo, e gli altri scanni
Di sotto lui cotanta cerna fanno:

Così di contra quel del gran Giovanni,
Che sempre santo il diserto e 'l martiro
Sofferse, e poi l' Inferno da due anni:

Les vois-tu, se suivant ainsi que je recueille
Leurs noms en descendant la rose feuille à feuille,
Chacune descendant d'un degré de splendeur ?

Et depuis le premier gradin jusqu'au septième,
Et du septième en bas (3), se succèdent de même
Les Juives divisant les feuilles de la fleur.

Elles forment ainsi comme un mur, une barre
Qui divise les saints escaliers et sépare
Ceux qui différemment ont cru dans le Sauveur.

De ce côté, dans cet hémicycle où les stalles
Sont pleines, où la rose ouvre tous ses pétales,
Siègent ceux qui croyaient au futur Rédempteur.

Et de l'autre côté, dans cette demi-zone
Où tu peux voir encor plus d'un vide, ont leur trône
Ceux qui crurent au Christ quand son temps arriva.

Et comme ce trépied de la Vierge immortelle,
Et les autres trépieds placés au-dessus d'elle,
Séparent les élus en deux moitiés par là,

Vis-à-vis, le trépied du grand saint Jean-Baptiste
Qui toujours saint souffrit la solitude triste,
Le martyre et deux ans de Limbes aux Enfers (4),

E sotto lui così cerner sortiro
Francesco, Benedetto, ed Agostino,
E gli altri fin quaggiù di giro in giro.

Or mira l' alto provveder divino:
Che l' uno e l' altro aspetto della Fede
Igualmente empierà questo giardino:

E sappi, che dal grado in giù che fiede
A mezzo 'l tratto le duo discrezioni,
Per nullo proprio merito si siede,

Ma per l' altrui, con certe condizioni:
Chè tutti questi sono spirti assolti
Prima ch' avesser vere elezioni.

Ben te ne puoi accorger per li volti,
Ed anche per le voci puerili,
Se tu gli guardi bene, e se gli ascolti.

Or dubbi tu, e dubitando sili:
Ma io ti solverò forte legame,
In che ti stringon li pensier sottili.

Dentro all' ampiezza di questo reame
Casual punto non puote aver sito,
Se non come tristizia, o sete, o fame:

Et dessous ce trépied du prince des apôtres
Saint François, saint Benoît, Augustin et les autres,
Séparent les élus sur leurs gradins divers.

Or, admire de Dieu la haute prévoyance :
La Foi des nouveaux temps et l'antique croyance
Un jour également rempliront ce verger (5).

Et là, du haut en bas ce banc qui s'entrepose,
Coupant par le milieu les moitiés de la rose,
Pour son mérite propre on n'y vient pas siéger,

Mais pour celui d'autrui sous certaine exigence ;
Car tous ces bienheureux sont vases d'innocence,
Morts avant d'avoir eu la libre élection.

Tu peux le reconnaître à leurs voix enfantines
Comme à leurs traits, pour peu que tu les examines.
Regarde, écoute-les avec attention.

Or il te vient un doute et j'entends ton silence ;
Mais je vais dénouer ce nœud où ta science
S'arrête, où ton penser s'embarrasse incertain.

Au royaume du Ciel, dans tout son vaste espace,
Nul effet de hasard ne peut trouver de place,
Pas plus que la tristesse ou la soif ou la faim,

Chè per eterna legge è stabilito
Quantunque vedi, sì che giustamente
Ci si risponde dall' anello al dito.

E però questa festinata gente
A vera vita non *è sine causa*:
Entrasi qui più e meno eccelente.

Lo Rege per cui questo regno pausa
In tanto amore ed in tanto diletto,
Che nulla volontade è di più *ausa*,

Le menti tutte nel suo lieto aspetto,
Creando, a suo piacer, di grazia dota
Diversamente: e qui basti l' effetto.

E ciò espresso e chiaro vi si nota,
Nella Scrittura santa in que' gemelli,
Che nella Madre ebber l' ira *commota*.

Però, secondo il color de' capelli
Di cotal grazia, l' altissimo lume
Degnamente convien, che s' incappelli.

Dunque senza mercè di lor costume
Locati son per gradi differenti,
Sol differendo nel primiero acume.

CHANT XXXII.

Car tout ce que tu vois dans cette fleur si belle
Appartient au conseil de la règle éternelle,
Où l'anneau toujours juste est taillé sur le doigt.

Ce n'est donc pas *sine causâ* qu'en cette vie
Tu vois cette moisson hâtivement ravie.
Chacun plus ou moins pur à son vrai rang s'asseoit.

Le Monarque, par qui ce royaume repose
Dans tant d'amour, et qui d'un tel bonheur l'arrose
Que nul désir ne peut, n'ose plus haut monter,

Créant tous les esprits que son œil tendre embrasse,
A des degrés divers les doté de sa grâce
A son gré : c'est un fait; il faut t'en contenter.

Vous en avez la preuve expresse et non obscure
Dans ces enfants jumeaux de la Sainte-Écriture
Qui se battaient déjà dans le flanc maternel (6).

Or, selon la couleur dont sa Grâce y rayonne,
Il est juste que Dieu mesure leur couronne
A chacun de ces fronts, tous élus pour le Ciel.

Donc ce n'est point pour prix d'actions méritoires
Qu'à des degrés divers ils sont là dans ces Gloires.
Un premier germe seul les a faits différents.

Bastava, sì ne' secoli recenti
Con l' innocenza, per aver salute,
Solamente la fede de' parenti:

Poichè le prime etadi fur compiute,
Convenne a' maschi all' innocenti penne,
Per circoncidere, acquistar virtute:

Ma poichè 'l tempo della Grazia venne,
Senza battesmo perfetto di CRISTO,
Tale innocenza laggiù si ritenne.

Riguarda omai nella faccia, ch' a CRISTO
Più s' assomiglia; chè la sua chiarezza
Sola ti può disporre a veder CRISTO.

Io vidi sovra lei tanta allegrezza
Piover, portata nelle menti sante,
Create a trasvolar per quella altezza,

Che quantunque io avea visto davante,
Di tanta ammirazion non mi sospese,
Nè mi mostrò di Dio tanto sembiante.

E quell' Amor, che primo lì discese,
Cantando *Ave, Maria, gratia plena*,
Dinanzi a lei le sue ale distese.

Jadis, lorsque le monde était à sa naissance,
Une chose assurait le salut de l'enfance :
Son innocence unie à la foi des parents.

Après les premiers temps, à tous fils des fidèles
Il fallut que, donnant plus d'essor à leurs ailes,
La circoncision apportât son bienfait.

Depuis l'ère de Grâce autre devoir commence,
Et le Limbe retient leur impure innocence
S'ils n'ont pas eu du CHRIST le baptême parfait (7).

Regarde maintenant en face cette femme
Qui ressemble le plus au CHRIST : sa claire flamme,
Pour contempler le CHRIST, aiguisera tes yeux. »

Et je vis sur Marie une telle allégresse
Pleuvoir, que lui portaient les esprits pleins d'ivresse
Créés pour traverser en volant ces hauts lieux (8),

Que tout ce que j'avais, avant cette merveille,
Pu voir, ne m'avait fait d'impression pareille
Et ne m'avait montré si vrai reflet de Dieu.

Un ange le premier descendit de l'espace
En chantant: Maria, salut, pleine de grâce !
Et sur elle étendit ses deux ailes de feu.

Rispose alla divina cantilena,
Da tutte parti la beata Corte,
Sì ch' ogni vista sen fe' più serena.

O santo Padre, che per me comporte
L' esser quaggiù, lasciando 'l dolce loco,
Nel qual tu siedi, per eterna sorte:

Qual' è quell' Angel, che con tanto giuoco
Guarda negli occhi la nostra Regina,
Innamorato sì, che par di fuoco?

Così ricorsi ancora alla dottrina
Di colui, che abbelliva di Maria,
Come del Sol la stella mattutina.

Ed egli a me: Baldezza e leggiadria,
Quanta esser puote in Angelo ed in alma,
Tutta è in lui, e sì volem che sia:

Perch' egli è quegli, che portò la palma
Giuso a Maria, quando 'l Figliuol di Dio
Carcar si volse della nostra salma.

Ma vienne omai con gli occhi, sì com' io
Andrò parlando, e nota i gran patrici
Di questo imperio giustissimo e pio.

Et la Cour bienheureuse et le Saint comme l'Ange,
Tous redirent en chœur la divine louange
Et d'un plus pur éclat semblèrent rayonner.

« Saint Père qui pour moi consens, maître efficace,
A venir jusqu'ici, quittant la douce place
Où pour l'éternité ton sort est de trôner !

Quel est cet ange-là que son ivresse enchaîne,
Regardant dans les yeux de notre souveraine ?
Il paraît tout de feu dans son amour divin. »

Ainsi je recourus encore au zèle pie
Du maître, qui semblait s'embellir par Marie
Comme au Jour s'embellit l'étoile du matin.

Et le Saint : « Tout ce que de grâce et de puissance
Peuvent avoir une âme et l'angélique essence
Est en lui réuni : nous y souscrivons tous.

Car c'est lui qui porta sur la terre à Marie (9)
Le rameau, quand du faix de notre ignominie
Le Fils vivant de Dieu vint se charger pour nous.

Mais suis-moi maintenant du regard et remarque,
En écoutant leurs noms, tous les esprits de marque,
Les grands patriciens de l'empire éternel.

Quei duo, che seggon lassù più felici,
Per esser propinquissimi ad Augusta,
Son d' esta rosa quasi due radici.

Colui, che da sinistra le s' aggiusta,
È 'l Padre, per lo cui ardito gusto
L' umana specie tanto amaro gusta.

Dal destro vedi quel Padre vetusto
Di Santa Chiesa, a cui Cristo le chiavi
Raccomandò di questo fior venusto.

E que', che vide tutt' i tempi gravi,
Pria che morisse, della bella sposa,
Che s' acquistò con la lancia e co' chiavi,

Siede lungh' esso: e lungo l' altro posa
Quel Duca, sotto cui visse di manna
La gente ingrata, mobile e ritrosa.

Di contro a Pietro vedi sedere Anna,
Tanto contenta di mirar sua figlia,
Che non muove occhio per cantare Osanna.

E contro al maggior Padre di famiglia
Siede Lucia, che mosse la tua Donna,
Quando chinavi a ruinar le ciglia.

CHANT XXXII.

Ces deux là-haut, les plus heureux du peuple juste
Puisqu'ils sont les plus près de Notre Dame auguste,
Ont servi de racine à la rose du Ciel.

A sa gauche d'abord c'est le Père de l'homme
Qui, pour avoir osé goûter la douce pomme,
Légua tant d'amertume à goûter aux humains.

A sa droite le chef de notre sainte Église ;
C'est par lui que l'on entre en cette rose exquise,
Et les clés de la fleur CHRIST les mit dans ses mains.

Et celui-là qui vit avant la mort jalouse
Les temps durs réservés à cette belle épouse
Que le Sauveur conquit par la lance et les clous,

A côté de lui siége, et près de l'autre plane
Ce chef sous qui vécut au désert de la manne
Le peuple ingrat, léger, récalcitrant, jaloux.

Et devant Pierre vois Anne qui, toute heureuse
De pouvoir contempler sa fille glorieuse,
La contemple immobile en chantant Hosanna.

Et puis devant l'aïeul de la famille humaine
Lucia, qu'attendrit ta dame souveraine
Quand sur l'abîme ouvert tu te penchais déjà (10).

Ma perchè 'l tempo fugge, chè t' assonna,
Qui farem punto, come buon sartore,
Che, com' egli ha del panno, fa la gonna;

E drizzeremo gli occhi al primo Amore,
Sì che guardando verso lui penétri,
Quant' è possibil, per lo suo fulgore.

Veramente, nè forse tu t' arretri,
Movendo l' ale tue, credendo oltrarti:
Orando, grazia convien che s' impetri;

Grazia da quella, che puote aiutarti:
E tu mi seguirai con l' affezione,
Sì che dal dicer mio lo cuor non parti:

E cominciò questa santa orazione.

Mais de ta vision le temps s'enfuit et passe.
Doncques arrêtons-nous, mon fils, à cette place.
Il faut tailler l'habit sur l'étoffe qu'on a.

Et vers l'Amour Premier, auteur de tous les êtres,
Nous lèverons les yeux afin que tu pénètres
Au sein de sa splendeur autant qu'il se pourra.

Mais de crainte qu'ici, vers ce foyer qui brûle,
En croyant avancer, ton aile ne recule,
Il est bon d'implorer grâce et protection

De celle-là qui peut t'assister et t'entendre.
Accompagne ma voix d'un cœur fervent et tendre;
Suis-moi par la pensée et par l'intention! »

Et Bernard commença cette sainte oraison :

NOTES DU CHANT XXXII.

(1) Ève.

(2) Ruth, aïeule de David.

(3) Du trône de la Vierge jusqu'à celui de Ruth, et de celui de Ruth jusqu'au dernier.

(4) Saint Jean-Baptiste, mort deux ans avant l'accomplissement de l'œuvre de Rédemption, passa ces deux ans dans les Limbes, en attendant que Jésus-Christ vînt l'en retirer.

(5) Quand les temps seront accomplis et que les vides seront comblés dans l'hémicycle de la rose réservé aux Saints du Nouveau-Testament. Mais en attendant il faut constater ce résultat assez singulier : les Saints d'avant Jésus-Christ, remplissant tous les siéges de toute une moitié de la rose, se trouvaient plus nombreux que les Saints chrétiens.

(6) Ésaü et Jacob. Les prophètes et saint Paul aussi disent que Dieu préféra Jacob à Ésaü avant que les deux jumeaux fussent nés.

(7) *Tale innocenzia*, dit le texte, une *telle* innocence, c'est-à-dire leur innocence imparfaite, à laquelle manque le baptême, et non pas seulement *leur* innocence comme disent toutes les traductions.

(8) Les Anges, volant à Dieu et y puisant la joie qu'ils répandaient dans la rose sur le trône de Marie.

(9) L'ange Gabriel.

(10) A gauche de Marie, Adam, le premier homme ; à sa droite, saint Pierre ; à côté de saint Pierre, saint Jean, l'Évangéliste ; à côté d'Adam, Moïse ; devant Pierre, Anne, mère de Marie ; et vis-à-vis d'Adam, Lucie, sainte de Syracuse (allégoriquement la Grâce illuminante ou la Pitié), que Béatrice attendrit en faveur de Dante (voy. *Enfer*, chant II).

ARGUMENT DU CHANT XXXIII.

Saint Bernard adresse à la Vierge une oraison fervente pour que, par son intercession, le poëte obtienne la force de s'élever à la vision de Dieu. Dante pénètre du regard dans l'éternelle lumière divine. Il voit l'auguste Trinité et la Divinité et l'Humanité réunies dans la personne du Verbe. La vision est terminée. Le cœur épuré du poëte n'obéit plus qu'aux impulsions de l'amour divin.

CANTO TRENTESIMO TERZO.

Vergine Madre, figlia del tuo Figlio,
Umile ed alta più che creatura,
Termine fisso d' eterno consiglio,

Tu se' colei, che l' umana Natura
Nobilitasti sì, che 'l suo Fattore
Non disdegnò di farsi sua fattura.

Nel ventre tuo si raccese l' amore,
Per lo cui caldo, nell' eterna pace
Così è germinato questo fiore.

Qui se' a noi meridiana face
Di caritade, e giuso intra i mortali,
Se' di speranza fontana vivace.

CHANT TRENTE-TROISIÈME.

« O Fille de ton Fils, Marie! ô Vierge Mère!
Humble, et passant tout être au Ciel et sur la terre!
Terme prédestiné de l'éternel conseil!

Toi par qui s'ennoblit notre humaine nature
Au point que, devenant lui-même créature,
Le Créateur se fit à son œuvre pareil!

C'est toi qui dans ton sein rallumas de plus belle
L'ardent amour par qui, dans la paix éternelle,
Cette fleur a germé si magnifiquement (1).

Soleil de Charité dans la céleste sphère,
Brûlant dans son midi! Pour l'homme, sur la terre,
Source vive d'espoir et de soulagement!

Donna, se' tanto grande, e tanto vali,
Che qual vuol grazia, ed a te non ricorre,
Sua disianza vuol volar senz' ali.

La tua benignità non pur soccorre
A chi dimanda, ma molte fiate
Liberamente al dimandar precorre.

In te misericordia, in te pietate,
In te magnificenza, in te s' aduna
Quantunque in creatura è di bontate.

Or questi che dall' infima lacuna
Dell' universo insin qui ha vedute
Le vite spiritali ad una ad una,

Supplica a te, per grazia di virtute,
Tanto che possa con gli occhi levarsi
Più alto, verso l' ultima salute;

Ed io, che mai per mio veder non arsi
Più ch' i' fo per lo suo, tutti i miei prieghi
Ti porgo, e porgo, che non sieno scarsi:

Perchè tu ogni nube gli disleghi
Di sua moralità, co' prieghi tuoi,
Sì che 'l sommo piacer gli si dispieghi.

En toi tant de grandeur réside et de puissance
Que vouloir grâce au Ciel sans ta sainte assistance,
C'est vouloir qu'un désir sans ailes vole à Dieu.

Ta bonté ne vient pas, Reine! tant elle est grande,
Au secours seulement de celui qui demande,
Mais généreusement court au devant du vœu.

En toi la pitié tendre, en toi miséricorde,
En toi magnificence, et dans ton sein s'accorde
Tout ce que créature enferme de bonté!

Ore cet homme-ci qui du dernier abîme
De l'univers entier jusques à cette cîme
Par l'Enfer et les Cieux pas à pas est monté,

Il te conjure ici de lui prêter ta grâce
Pour qu'il puisse plus haut, au-dessus de l'espace,
Élever ses regards au suprême bonheur.

Et moi, moi qui jamais dans mon ardeur extrême
Au Ciel plus que pour lui n'aspirai pour moi-même,
Je t'offre tous mes vœux : qu'ils gagnent ta faveur.

Daigne à ton tour, priant pour lui, ma Souveraine!
Dissiper les brouillards de sa nature humaine
Et que le Bien suprême apparaisse à ses yeux.

Ancor ti prego, Regina, che puoi
Ciò che tu vuoi, che tu conservi sani,
Dopo tanto veder, gli affetti suoi.

Vinca tua guardia i movimenti umani:
Vedi Beatrice, con quanti beati,
Per li miei prieghi, ti chiudon le mani.

Gli occhi da Dio diletti e venerati,
Fissi nell' orator ne dimostraro,
Quanto i devoti prieghi le son grati.

Indi all' eterno lume si drizzaro,
Nel qual non si de' creder che s' invii,
Per creatura, l' occhio tanto chiaro.

Ed io ch' al fine di tutti i disii
M' appropinquava, sì com' io doveva,
L' ardor del desiderio in me finii.

Bernardo m' accennava, e sorrideva,
Perch' io guardassi in suso, ma io era
Già per me stesso tal, qual' ei voleva:

Chè la mia vista venendo sincera,
E più e più entrava per lo raggio
Dell' alta luce, che da sè è vera.

Et je t'en prie encor, toute-puissante Reine !
Qu'après la vision de gloire il garde saine
Son âme, et que son cœur reste pur et pieux !

Sous ta protection, de l'humaine faiblesse
Qu'il triomphe ! Regarde : au vœu que je t'adresse,
Mains jointes, Béatrix, le Ciel entier, s'unit. »

Les yeux chéris par Dieu de l'auguste Marie,
S'attachant sur le saint orateur qui la prie,
Montrèrent à quel point vœu fervent lui sourit.

Puis elle regarda devers la source pure
D'éternelle lumière où nulle créature
Ne voit, on doit le croire, à tant de profondeur.

Et moi qui m'approchais du dernier sanctuaire,
Du terme de tous vœux, comme je devais faire,
Je mis fin au désir en touchant au bonheur.

Bernard me faisait signe avec un souris tendre
De regarder en haut ; mais déjà, sans l'attendre,
Comme il le désirait, libre j'étais monté.

Et ma vue épurée avec plus de puissance
Entrait dans les rayons de la haute substance,
Qui par soi toute seule est toute Vérité.

Da quinci innanzi il mio veder fu maggio
Che 'l parlar nostro, ch' a tal vista cede,
E cede la memoria a tanto oltraggio.

Quale è colui, che sonniando vede,
E dopo 'l sogno la passione impressa
Rimane, e l' altro alla mente non riede;

Cotal son io, che quasi tutta cessa
Mia visione, e ancor mi distilla
Nel cuor lo dolce, che nacque da essa:

Così la neve al Sol si dissigilla:
Così al vento nelle foglie lievi
Si perdea la sentenzia di Sibilla.

O somma luce, che tanto ti lievi
Da' concetti mortali, alla mia mente
Ripresta un poco di quel che parevi:

E fa la lingua mia tanto possente,
Ch' una favilla sol della tua gloria
Possa lasciare alla futura gente:

Chè per tornare alquanto a mia memoria,
E per sonare un poco in puesti versi,
Più si conceperà di tua vittoria.

CHANT XXXIII.

Dès lors ce qu'à mes yeux il fut donné d'atteindre
Dépasse notre langue impuissante à le peindre
Et la mémoire aussi ne peut si loin courir.

Tel un homme endormi, ravi par un beau songe :
Après la vision l'extase se prolonge,
Mais le reste à l'esprit ne peut plus revenir ;

Tel suis-je en ce moment : la vision fragile
Elle a fui tout entière et toujours me distille
Ce doux baume qui d'elle en moi se répandait.

Ainsi fond au soleil la neige passagère ;
Ainsi, jouet du vent, sur la feuille légère
L'oracle sibyllin dans les airs se perdait.

Au-dessus des mortels, ô toi, suprême Flamme
Qui t'élèves si haut ! Prête encore à mon âme
Un peu de ton éclat, sublime Vérité !

Et que ma langue soit au moins assez puissante
Pour laisser de ta gloire, Essence éblouissante !
Une faible étincelle à la postérité !

Car on comprendra mieux ta triomphante gloire
Quand, en partie au moins rendue à ma mémoire,
Elle aura dans mes vers quelque peu résonné.

Io credo, per l' acume ch' io soffersi
Del vivo raggio, ch' io sarei smarrito,
Se gli occhi miei da lui fossero avversi.

E mi ricorda, ch' io fui più ardito
Per questo a sostener tanto ch' io giunsi
L' aspetto mio col valore infinito.

O abbondante grazia, ond' io presunsi
Ficcar lo viso per la luce eterna
Vanto che la veduta vi consunsi!

Nel suo profondo vidi che s' interna,
Legato con amore in un volume
Ciò, che per l' universo si squaderna:

Sustanzie ed accidenti, e lor costume,
Tutti conflati insieme per tal modo,
Che ciò, ch' io dico, è un semplice lume.

La forma universal di questo nodo
Credo ch' io vidi, perchè più di largo,
Dicendo questo, mi sento ch' io godo.

Un punto solo m' è maggior letargo,
Che venticinque secoli alla 'mpresa,
Che fe' Nettuno ammirar l' ombra d' Argo.

CHANT XXXIII.

Si poignant fut le rays de la Clarté divine
Que j'eusse été perdu pour elle, j'imagine,
Pour peu que je m'en fusse un instant détourné.

C'est dans son propre sein que je puisai l'audace
De pouvoir l'endurer, tant qu'enfin, face à face,
J'atteignis jusqu'au Bien infini, souverain !

C'est par toi que j'osai, Grâce surnaturelle !
Fixer d'un œil vivant la lumière éternelle
Jusqu'à l'épuisement de mon regard humain.

Je vis aux profondeurs où l'Être se résume,
Reliés par l'amour et dans un seul volume,
Tous les feuillets épars de la création :

L'accident, la substance et ce qui s'y rapporte ;
Tout cela dans ce livre uni de telle sorte
Que ce que j'en dis là n'est qu'un simple crayon.

Et je crois que je vis la forme universelle
De cet immense nœud, au bonheur qui ruisselle,
Rien que pour en parler, dans mon âme, à pleine eau.

Mais un seul moment jette en mon âme indécise
Plus d'oubli que vingt-cinq siècles sur l'entreprise
Qui fit au dieu des mers mirer l'ombre d'Argo (2).

Così la mente mia tutta sospesa,
Mirava fissa, immobile ed attenta,
E sempre nel mirar faceasi accesa.

A quella luce cotal si diventa,
Che volgersi da lei, per altro aspetto,
È impossibil che mai si consenta:

Perocchè 'l ben, ch' è del volere obbietto,
Tutto s' accoglie in lei, e fuor di quella
È difettivo ciò, ch' è lì perfetto.

Omai sarà più corta mia favella,
Pure a quel ch' io ricordo, che d' infante
Che bagni ancor la lingua alla mammella:

Non perchè più ch' un semplice sembiante
Fosse nel vivo lume, ch' io mirava,
Che tal è sempre, qual s' era davante:

Ma per la vista che s' avvalorava
In me, guardando, una sola parvenza,
Mutandom' io, a me si travagliava.

Nella profonda e chiara sussistenza
Dell' alto lume parvemi tre giri
Di tre colori, e d' una continenza:

Mon âme, tout entière au point qui la captive,
Y restait suspendue, immobile, attentive,
Et cette extase même encor plus l'allumait.

Tel est l'étrange effet de la Flamme éternelle,
Que détourner les yeux vers autre chose qu'elle
Jamais on n'y consent, jamais on ne pourrait.

Attendu que le Bien auquel aspire l'âme
Est tout entier en elle, et hors de cette flamme
Tout laisse à désirer quand là tout est parfait.

Désormais, même au peu dont j'ai ressouvenance,
Ma langue va faillir avec plus d'impuissance
Qu'une langue d'enfant qui suce encor le lait.

Non qu'alors eût changé d'aspect cette lumière
Dont je ne pouvais plus détacher ma paupière.
Elle est toujours la même après ainsi qu'avant.

Mais comme à regarder dans la suprême essence
Mon œil prenait vigueur, l'immuable apparence
Me semblait se changer, moi seul me transformant.

Dans le foyer profond de la claire substance
Il m'était apparu trois cercles, de nuance
Diverse, mais tous trois mesurant même rond (3) :

E l' un dall' altro, come Iri da Iri,
Parea reflesso: e 'l terzo parea fuoco,
Che quinci e quindi igualmente si spiri.

Oh quanto è corto 'l dire, e come fioco
Al mio concetto! e questo a quel, ch' io vidi,
È tanto, che non basta a dicer poco.

O luce eterna, che sola in te sidi,
Sola t' intendi, e da te intelletta
Ed intendente te a me arridi:

Quella circulazion che sì concetta,
Pareva in te, come lume reflesso,
Dagli occhi miei alquanto circonspetta,

Dentro da sè del suo colore stesso
Mi parve pinta della nostra effige:
Per che il mio viso in lei tutto era messo.

Qual' è il geometra, che tutto s' affige
Per misurar lo cerchio, e non ritruova,
Pensando, quel principio, ond' egli indige,

Tale era io a quella vista nuova:
Veder voleva come si convenne
L' imago al cerchio, e come vi s' indova:

CHANT XXXIII.

Le premier paraissant réfléter le deuxième,
Comme Iris réfléchit Iris, et le troisième
S'exhalant du premier ainsi que du second.

Oh! combien la parole est courte et sourde et blême
Auprès de mon penser! Et mon penser lui-même
Près de ce que j'ai vu dans le divin pourpris!

Éternelle clarté qui seule en toi reposes!
Qui seule te comprends, et, dessus toutes choses,
Comprise et comprenant, t'aimes et te souris!

Ce cercle qui semblait s'engendrer en toi-même
Comme un feu de reflet de ta clarté suprême,
Tandis que du regard j'en embrassais le tour,

Il m'offrit dans son sein notre image charnelle
Peinte de la couleur de sa flamme éternelle (4).
Je devins aussitôt tout yeux et tout amour.

Ainsi qu'un géomètre alors qu'il se torture,
Du cercle follement cherchant la quadrature
Sans trouver le rapport qu'il faut pour mesurer :

Tel étais-je devant l'étrange phénomène.
Je voulais voir comment notre effigie humaine
S'adapte au cercle et comme elle y peut pénétrer.

Ma non eran da ciò le proprie penne:
Se non che la mia mente fu percossa
Da un fulgóre, in che sua voglia venne.

All' alta fantasia qui mancò possa:
Ma già volgeva il mio disiro, e 'l *velle*,
Sì come ruota, che igualmente è mossa,

L' Amor che muove il Sole e l' altre stelle.

FINE DEL PARADISO.

CHANT XXXIII.

Or, pour ce vol mon aile eût été mal habile,
Si la Grâce d'un trait frappant mon œil débile
N'avait dans un éclair réalisé mon vœu.

Ici ma vision sombra dans la lumière :
Mais telle qu'une roue avançant régulière,
Déjà mouvait mon cœur, m'embrasant de son feu;

L'Amour qui meut le Jour et les étoiles, Dieu! (5)

FIN DU PARADIS.

NOTES DU CHANT XXXIII.

(1) La rose des Saints. Elle a fleuri par l'amour de Dieu, que le péché avait éteint et qui se ralluma dans le sein d'où naquit le Rédempteur.

(2) Une minute qui s'écoule jette plus d'oubli sur une vision aussi étonnante, que vingt-cinq siècles sur l'expédition fabuleuse des Argonautes. Vingt-cinq siècles, c'était tout juste le temps qui s'était écoulé depuis l'expédition de Jason sur le vaisseau Argo, jusqu'au moment où Dante écrivait. Il semble s'être plu à sculpter avec une image la date de son poëme sur la dernière pierre du monument.

(3) Dieu le Père, le Fils et le Saint-Esprit.

(4) L'Humanité et la Divinité réunies dans Jésus-Christ.

(5) Son cœur pur n'obéit plus qu'aux impulsions de l'amour divin : la vision, en arrivant à son terme, a produit son effet; le but du voyage est atteint. Dante finit par le même mot *stelle* les trois cantiques : l'*Enfer*, le *Purgatoire*, et le *Paradis* (voy. ch. XXXIV de l'*Enfer*, à la note). Pour demeurer un servant fidèle, j'ai terminé aussi par un même mot : Dieu, les trois parties de ma traduction. C'est aux étoiles du Ciel, c'est-à-dire à Dieu que le poëte voulait arriver.

TABLE DES ARGUMENTS.

Pages.

Chant XVIII. — Cacciaguida nomme encore à Dante un certain nombre de pieux guerriers qui brillent dans la Croix. Ascension au sixième Ciel, Ciel de Jupiter, séjour de ceux qui ont distribué avec droiture la justice dans le monde. Les âmes des bienheureux, disposées en lettres mobiles et lumineuses, figurent les versets de la Bible qui prêchent la Justice. D'autres scintillations naissent des premières et dessinent l'Aigle impérial. Dans ce Ciel de la justice, le poëte s'emporte avec amertume contre la simonie pontificale 1

Chant XIX. — L'Aigle apprend à Dante que c'est la piété et la justice qui l'ont élevé au Ciel glorieux de Jupiter. Puis il répond à un doute du poëte, sur la question de savoir si quelqu'un peut être sauvé sans baptême. Il résout la question par la négative, mais il ajoute que beaucoup qui sont chrétiens de nom se verront au jour du jugement plus loin de Dieu que les païens, et il désigne une foule de souverains qui seront dans ce cas 17

Chant XX. — L'Aigle montre à Dante les âmes de princes justes par excellence qui resplendissent dans son sein. Le poëte s'étonne de voir dans le nombre deux personnages qu'il avait crus païens. L'Aigle lui explique comment tous deux étaient morts dans la foi de Jésus-Christ 35

Chant XXI. — Du Ciel de Jupiter Dante monte au septième Ciel, au Ciel de Saturne, séjour des solitaires contemplatifs. Des flammes radieuses montent et descendent sur une échelle d'or gigantesque. Entretien de Dante avec le saint ermite Pierre Damien. 53

Pages.

Chant XXII. — Saint Benoît s'offre au poëte. Il désigne quelques-uns de ses compagnons de Ciel, voués, comme lui, sur la terre, à la vie contemplative, fondateurs d'ordre dont la règle est aujourd'hui lettre morte entre les mains de moines avides et dégénérés. Ascension à la huitième sphère, c'est-à-dire au Ciel des étoiles fixes où le poëte et Béatrice pénètrent par la constellation des Gémeaux. Le poëte jette un coup d'œil sur le chemin parcouru. 71

Chant XXIII. — Apparition de Jésus-Christ triomphant, accompagné de la bienheureuse Vierge Marie, suivie elle-même d'une foule de bienheureux. Après quelques instants le resplendissant cortége qui est venu au devant de Dante et de Béatrice remonte vers l'Empyrée. 89

Chant XXIV. — Béatrice, après avoir invoqué en faveur du poëte, son ami, tout le collége apostolique, prie saint Pierre de l'examiner sur la Foi. Le grand apôtre propose à Dante diverses questions. Dante répond à toutes. Le saint est satisfait et le bénit 105

Chant XXV. — L'apôtre saint Jacques examine le poëte sur l'Espérance. Il lui fait trois questions. Béatrice intervient pour l'une et Dante répond aux deux autres. Saint Jean l'Évangéliste s'avance vers saint Jacques et saint Pierre. Dante cherchant l'ombre du corps de cet apôtre qui, suivant une opinion répandue, était monté au Ciel avec son corps et son âme, saint Jean le détrompe et lui fait savoir que le Christ et Marie ont pu seuls monter avec leur corps dans le Ciel. 123

Chant XXVI. — Saint Jean examine Dante sur la troisième vertu théologale: la Charité ou l'Amour. Apparition d'Adam. Le premier homme devance les questions du poëte et y répond. Il précise le temps de sa naissance au Paradis terrestre, le vrai motif qui l'en fit exiler, le temps qu'il y était resté, et l'idiôme qu'il avait employé 139

Chant XXVII. — Après un hymne chanté par toutes les

voix du Paradis, saint Pierre, enflammé d'une pieuse indignation, jette l'anathème sur ses pervers successeurs. Ascension au neuvième Ciel ou Premier Mobile. Béatrice explique à Dante la nature de cet orbe céleste qui donne le mouvement à tous les autres et n'a au-dessus de lui que l'Empyrée 157

CHANT XXVIII. — Le poëte voit un point qui dardait la lumière la plus perçante, autour duquel tournoyaient neuf cercles, et c'était Dieu au milieu des neuf chœurs des Anges. Béatrice lui explique comment les cercles de ce monde intelligible correspondent aux sphères du monde sensible, et lui fait connaître la hiérarchie angélique. Elle se compose de trois ternaires : dans le premier les Séraphins, les Chérubins, les Trônes ; dans le second les Dominations, les Vertus, les Puissances ; dans le troisième les Principautés, les Archanges et les Anges 175

CHANT XXIX. — Béatrice, pour satisfaire à la curiosité du poëte, lui explique la création des Anges. Elle s'élève contre les prédicateurs qui obscurcissent l'Évangile par des arguties pour se faire briller eux-mêmes, déshonorent la chaire chrétienne par d'indignes facéties, et font un trafic de fausses indulgences. Puis, revenant à son sujet, elle ajoute quelques mots à ce qu'elle a dit des substances angéliques 191

CHANT XXX. — Dante monte avec Béatrice au Ciel Empyrée. La beauté de Béatrice devient ineffable. Dante voit un fleuve de lumière coulant entre deux rives émaillées de fleurs. Des étincelles sortent du fleuve, se mêlent à l'éclat des fleurs, puis se replongent dans les eaux lumineuses. Dante y trempe sa paupière et la vision devient plus claire. Toutes les fleurs n'en forment plus qu'une. Les âmes bienheureuses étagées comme les feuilles d'une grande rose se mirent dans les flots éblouissants, reflet de la splendeur divine, et dont les étincelles sont les Anges. Béatrice montre à Dante l'immensité de cette capitale de Dieu, les élus et les Anges innombrables qu'elle renferme et le trône céleste réservé à Henri de Luxembourg 209

CHANT XXXI. — Dante contemple dans leur gloire les deux milices du Ciel Empyrée : les Saints et les Anges. Béatrice a disparu : elle est montée s'asseoir sur son trône. Elle envoie au poëte saint Bernard pour la remplacer. Saint Bernard lui montre la Vierge Marie resplendissante au milieu des adorations des Saints et des Anges. 227

CHANT XXXII. — Saint Bernard explique à Dante l'ordre et la division de la rose des Saints. Elle est partagée en deux moitiés. Entre ces deux moitiés le trône de la Vierge, et au-dessous d'elle des siéges occupés par les femmes juives ; vis-à-vis le trône de la Vierge celui de Jean-Baptiste et, au-dessous, des siéges occupés par saint François, saint Benoît, saint Augustin, etc. Ces siéges, divisant la rose dans toute sa largeur et dans sa profondeur, forment comme un mur de séparation entre les Saints d'avant et ceux d'après Jésus-Christ. Une file de gradins, occupés par les petits enfants, divise encore par le milieu chacune des deux moitiés de la rose. Saint Bernard explique comment des rangs ont pu être dévolus à ces innocents, et désigne les Saints les plus considérables faisant cortége à la glorieuse Vierge 245

CHANT XXXIII. — Saint Bernard adresse à la Vierge une oraison fervente pour que, par son intercession, le poëte obtienne la force de s'élever à la vision de Dieu. Dante pénètre du regard dans l'éternelle lumière divine. Il voit l'auguste Trinité et la Divinité et l'Humanité réunies dans la personne du Verbe. La vision est terminée. Le cœur épuré du poëte n'obéit plus qu'aux impulsions de l'amour divin 263

www.ingramcontent.com/pod-product-compliance
Lightning Source LLC
Chambersburg PA
CBHW050631170426
43200CB00008B/972